AF324505

BIBLIOTHÈQUE   NATIONALE

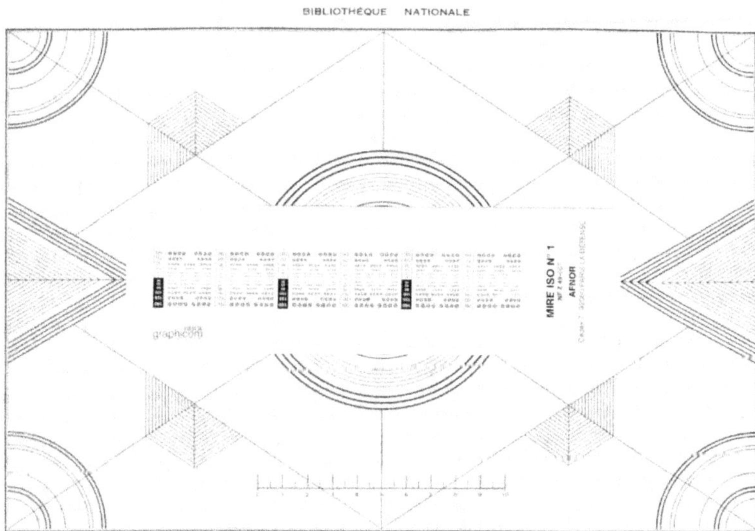

MIRE ISO N° 1
AFNOR
graphicom

SERVICE   PHOTOGRAPHIQUE

MÉMOIRE HISTORIQUE

SUR LE DÔME

DU

PANTHÉON FRANÇAIS.

MÉMOIRE HISTORIQUE

SUR LE DÔME

DU

PANTHÉON FRANÇAIS,

DIVISÉ EN QUATRE PARTIES:

La Ire contient la description de ce Monument.

La IIe le détail historique et raisonné de sa construction.

Dans la IIIe Partie on examine si les murs et points d'appuis du Dôme ont les dimensions nécessaires pour résister aux efforts qu'ils ont à soutenir.

La IVe Partie contient le détail exact de tous les accidens qui se sont manifestés aux piliers du Dôme, les causes de ces accidens, et les divers moyens proposés pour les réparer.

Par J. RONDELET, Architecte, ex-Commissaire des Travaux publics, et Membre du Conseil des Bâtimens civils.

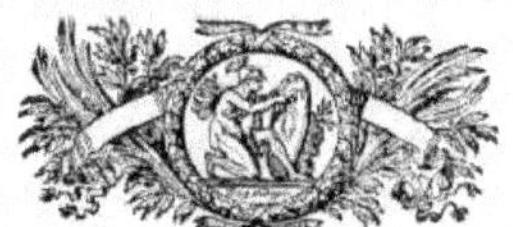

A PARIS,

Chez Du Pont, Imprimeur-Libraire, rue de la Loi, N.º 1231.

An V. — 1797.

AVANT-PROPOS.

Lᴇs accidens arrivés aux piliers du dôme du Panthéon français ayant fixé l'attention du public et du gouvernement, je me suis déterminé à publier ce mémoire pour faire connoître, dans tous ses détails, ce monument de la reconnoissance nationale, et sur-tout le mécanisme de sa construction, dont j'ai été particulièrement chargé depuis 1770 jusqu'à la fin du mois de floréal de l'an deuxième de l'ère républicain, que je fus nommé, par la Convention nationale, membre de la commission des travaux publics.

J'avois obtenu la confiance de *J. G. Soufflot*, auteur de ce monument, pour la partie de la construction, à l'occasion d'un mémoire en réponse à celui du citoyen *Patte*, dans lequel je prouvois que les voûtes sphériques n'avoient point de poussée, et qu'en conséquence elles n'exigeoient pas des murs dont l'épaisseur fût plus forte que celle qu'elles avoient par le bas. J'avois joint à ce mémoire des dessins pour faire voir qu'il étoit possible d'ériger, sans porte-à-faux au-dessus des piliers déjà construits, un dôme circulaire à l'intérieur, qui ne porteroit que sur le massif des piliers, dont la moindre largeur est de 3 pieds 9 pouces, et pour ne point excéder cette largeur, je faisois porter la décoration extérieure par quatre

A

grands arcs. Cette décoration consistoit en quatre colonnades en avant-corps au-devant des faces d'une espèce de temple carré, surmonté d'une coupole ronde au milieu. *Soufflot*, content de mes moyens de construction, me chargea d'en faire l'application à un projet de dôme à pans coupés qu'il imagina, ensuite à un projet de dôme circulaire avec des avants-corps, et enfin à celui existant, qui fut sa dernière idée.

Mon mémoire est divisé en quatre parties; la première comprend une description générale de l'intérieur et de l'extérieur du **Panthéon** français.

Dans la seconde partie, j'explique la manière dont cet édifice a été construit, les moyens particuliers que l'on y a employé, et les motifs pour lesquels ils ont été mis en œuvre.

Dans la troisième partie, il est question de l'épaisseur que doivent avoir les murs circulaires des dômes en général, pour résister à l'effort des voûtes en coupole qu'ils soutiennent. Je parle à ce sujet d'un mémoire que le citoyen *Patte* fit imprimer en 1770, dans lequel il prétend prouver qu'il étoit impossible d'exécuter la coupole projetée alors pour la nouvelle église de Ste Geneviève, parce que, selon lui, il auroit fallu plus de 8 pieds d'épaisseur au mur circulaire pour la soutenir et pour résister à l'effort de sa poussée. J'explique ensuite la manière dont les pendentifs et les arcades qui soutiennent le dôme se combinent, et les effets qui en résultent. Je fais l'historique des expériences qui ont été faites pour connoître la charge que les pierres peuvent porter avant de s'écrâser, et particulièrement celles dont on s'est servi pour la construction de ces piliers. Je donne le résultat des expériences comparatives, faites à ce sujet, avec trois machines différentes; et après avoir fait des observations sur la différence considérable de ces résultats, je propose d'en faire de nouvelles, combinées de manière que le poids agisse immédiatement sur la pierre. Enfin, après avoir fait l'application de ces expériences aux piliers du dôme, j'examine s'il est nécessaire de fortifier le bas de la tour des dômes, afin de les contre-venter, ainsi que le propose *Patte*, dans son mémoire.

La quatrième partie contient : 1º. Un état détaillé des accidens qu'ont éprouvés les piliers du dôme, depuis l'époque de la construction des arcs et des pendentifs jusqu'à présent, avec le détail des restaurations qui y ont été faites en différens temps; 2º. un précis des véritables causes des accidens arrivés aux piliers du dôme; 3º. le détail des moyens proposés par les architectes formant le conseil des bâtimens civils et les inspecteurs généraux des ponts et chaussées, consultés par le ministre de l'intérieur, sur les moyens de restaurer les piliers, et leur donner toute la solidité qu'exige un monument de cette importance, dont la durée ne sauroit être limitée.

Les artistes et les gens instruits qui liront ce mémoire, jugeront, d'après les observations et les objections faites réciproquement par les ingénieurs et les architectes, lesquels de ces moyens sont préférables.

On ne doute point que plusieurs artistes ne s'empressent, d'après les renseignemens qu'ils pourront puiser dans ce mémoire, de proposer d'autres moyens qui produiront de nouvelles lumières, d'après lesquelles le gouvernement prendra sûrement un parti définitif pour venir promptement au secours d'un édifice qui intéresse autant la gloire de la nation que celle des arts.

MÉMOIRE HISTORIQUE

SUR LE DÔME

DU PANTHÉON FRANÇAIS.

PREMIÈRE PARTIE.

Description du Panthéon Français.

L'ÉDIFICE qui porte actuellement le nom de Panthéon
français, fut commencé en 1757, pour remplacer l'an-
cienne église de S.ᵗᵉ Geneviève. La construction de ce
temple magnifique fut , dit-on, l'accomplissement d'un
vœu fait par *Louis XV,* pendant sa maladie à Metz. Plusieurs architectes concoururent pour en donner les plans ;
mais celui de *Soufflot* prévalut par sa belle disposition ,
qui n'avoit rien de commun avec celle que la routine
avoit adopté depuis plusieurs siècles.

La forme générale du plan de cet édifice est une espèce
de croix grecque, composée de quatre nefs qui se réunissent à un dôme placé au centre. Dans le premier plan
de l'auteur, les quatre nefs étoient égales, d'où il résultoit,
tant à l'intérieur qu'à l'extérieur, une régularité et une
symétrie parfaite ; mais il fut obligé de déroger à la beauté
de cette disposition, par des motifs de convenance relatifs
au culte, en alongeant la nef d'entrée et celle du fond par
des parties en arcades qui ne s'accordent point avec le
genre en colonnes adopté pour les nefs. La forme extérieure

fut aussi altérée par les deux tours dont il fut obligé de flanquer la nef du fond.

Au reste, cet édifice, en l'état où il se trouve, est sans contredit un des plus beaux et des plus hardis qui aient été construit depuis la renaissance des arts. Considéré comme temple, il est du genre de ceux que les Grecs appeloient *Prostile*, à cause du porche ou *pronaos*, dont la principale entrée est décorée. Ce porche est une espèce d'*exastile*, parce que la face est composée de six colonnes également espacées et placées sur une même ligne; mais il en diffère à cause des deux colonnes en arrière-corps placées aux extrémités. Ces colonnes sont de l'ordre corinthien; elles sont au nombre de vingt-deux, dont dix-huit isolées; celles qui forment la face exastile sont couronnées d'un grand fronton. Le tympan est orné d'un bas-relief dont la longueur est de près de 100 pieds. Le diamètre des colonnes est de 5 pieds 6 pouces. Leur hauteur de 58 pieds 3 pouces, compris base et chapitaux. Les cannelures, dont leur fûts sont ornés, sont de l'espèce de celles que l'on appellent *rudentées*. L'entrecolonnement, qui est de moins de trois diamètres, est du genre de ceux que les Grecs nommoient *diastile*.

La destination donnée à cet édifice par le décret de l'assemblée constituante, du 4 avril 1791, ayant exigé de changer tous les bas-reliefs et les attributs dont il étoit décoré, comme église de S.te Geneviève, on a été obligé de supprimer celui qui étoit dans le tympan du fronton. Le sujet étoit une croix rayonnante, avec des nuées et des anges adorateurs. Ce bas-relief étoit de feu *Coustou*. Celui que l'on y voit actuellement est de *Moitte*. Cet artiste a développé dans sa composition l'idée de l'inscription placé dans la frise : *Aux Grands hommes, la Patrie reconnoissante.*

« (1) C'est aussi la Patrie qui paroît dans ce bas-relief,
» comme la divinité principale du temple. Des symboles
» caractéristiques de la France l'accompagnent. Un autel
» chargé de festons et de signes rénumératifs est à côté
» d'elle. Elle y a pris les couronnes de chêne qu'elle tient,
» et que ses deux bras étendus présentent à l'Émulation
» publique. L'une d'elle vient se reposer sur la tête de la
» Vertu. A son air timide, à son maintien modeste, l'ar-
» tiste a voulu faire entendre que la véritable vertu se
» contente de mériter les récompenses ; qu'elle ne sait ni
» les solliciter ni les fuir, mais que la Patrie saura tou-
» jours la trouver et la prévenir.

» Un caractère tout différent brille et se développe dans
» la figure opposée : c'est le Génie personnifié sous la
» figure d'un beau jeune homme aîlé ; une massue, sym-
» bole de la force qui dompte tous les obstacles, est dans
» sa main gauche. Il ne faut que lui montrer la récom-
» pense ; aussi sa main droite saisit la couronne que tient
» la Patrie. Son air, son attitude, et toute l'expression de
» la figure, annonce la hardiesse, et ce desir de gloire et
» cette ambition des récompenses qui sont l'aliment du
» Génie. Comme la Vertu attend la couronne, le Génie

(1) La description de ce bas-relief, ainsi que celle de tous ceux qui ont été refaits, est prise d'un rapport fait, le 2 du second mois de l'an 2e, par le citoyen *Quatremere-Quincy*, au directoire du département, dont il étoit le commissaire pour la direction et administration des travaux du Panthéon français. C'est en cette qualité qu'il a dirigé tous les changemens, suppressions et embellissemens que l'on y a fait jusqu'en germinal de l'an 2.

» l'arrache : tels sont les principaux traits qui différencient
» ces deux figures.

» Mais ce qui forme leur cortége, ou ce qui vient à
» leur suite, en prononce encore mieux le caractère.

» Derrière la Vertu , plane en l'air le Génie de la liberté ;
» il tient d'une main le *palladium* de la France ; l'autre
» saisit par leurs crinières , et conduit, comme en triomphe,
» deux lions attelés à un char rempli des principaux attri-
» buts des vertus. Ce char a terrassé le Despotisme ; on
» le reconnoît à une figure renversée sur des ruines, à ses
» regrets et au poignard qui lui reste, et qu'il va tourner
» contre lui-même.

» Le triomphe du Génie est d'un autre genre. Ses vraies
» conquêtes sont sur l'Erreur ; c'est à ce prix qu'il aura
» dorénavant accès dans le temple de la Patrie. Tel est le
» sens du groupe qui termine la partie gauche du fronton.
» On y voit le Génie de la Philosophie, armé du flambeau
» de la Vérité, qui combat l'Erreur et le Préjugé.

» L'artiste les a représentés sous la forme du griffon ,
» animal chimérique qui, dans le langage de l'allégorie ,
» est devenu le symbole de l'erreur ; l'un d'eux recule à la
» lueur du flambeau qui détruit les prestiges ; l'autre expire
» sous les pieds du Génie. Le char auquel ils étoient
» attelés offre, renversés et culbutés , tous les emblêmes
» des diverses superstitions. Le *lituus* , les tables hyéro-
» glifiques, les instrumens des mystères, le trépied sacré ,
» tous ces signes, qui ont longtemps abusé l'imagination
» en trompant les sens, rendent dans leur chûte hommage
» au Génie de la Raison , et occupent la partie la plus
» rampante du fronton. »

L'intérieur du porche est divisé en trois parties ; celle
du

du milieu comprend trois encolonnemens; elle a 55 pieds
10 pouces de longueur, pris du devant des plinthes des
bases des colonnes, sur 33 pieds 9 pouces de largeur,
depuis le plinthe intérieur des bases des colonnes jusqu'au-
devant du socle du mur du fond.

La principale porte d'entrée placée au milieu, forme
avant-corps sur le mur du fond ; elle est décorée d'un
chambranle dont toutes les moulures sont taillées d'ornemens et d'une corniche à denticules, soutenue par deux
grandes consoles.

Dans la frise est une inscription en bronze dorée, portant ces mots : *Panthéon Français, l'an IV.ᵉ de la liberté.*

On a profité de la circonstance du changement des bas-
reliefs, pour supprimer tous les cadres qui entouroient les
anciens, et pour placer les nouveaux d'une manière plus
convenable en les renfonçant dans le nud du mur.

Le grand bas-relief placé au-dessus de la porte, remplace
celui de *Bovet,* dans lequel il avoit représenté S.ᵗᵉ Geneviève distribuant du pain aux pauvres, dans un temps de
famine. Ce dernier, exécuté par *Boichot,* a pour sujet
« les Droits de l'homme, que cet artiste a représenté par
» la Nature sous l'emblème d'une femme moitié nue et
» moitié vêtue, pour exprimer que jamais l'homme ne la
» connoîtra toute entière. Cette figure, qui occupe le
» milieu du bas-relief, tient une corne d'abondance, sym-
» bole de la production; celui de la destruction est repré-
» senté par un vautour qui est à ses pieds. Son autre
» main s'appuie sur la table des Droits de l'homme, qu'elle
» présente à la France étonnée. La Nature amène à sa
» suite ses deux compagnes, l'Égalité et la Liberté. La

» Renommée se voit en l'air; elle annonce à tous les
» peuples le réveil de la France, et le règne de la Liberté. »

Le bas-relief qui est dans l'arrière-corps à droite de la
porte, en remplace un de *Julien*, représentant S.te Geneviève qui guérit les yeux de sa mère. Le sujet de ce nouveau bas-relief est « l'empire de la Loi. On y voit la Patrie,
» le sceptre en main, qui apprend au peuple que les loix
» qu'elle lui présente sont l'expression de la volonté géné-
» rale. A ce signal un vieillard se prosterne et jure d'y
» obéir; un jeune guerrier s'avance et jure de la défendre.
» Ce bas-relief est de *Fortin*. »

Au-dessous on lit, dans un cadre alongé, cette épigraphe : *Obéir à la Loi, c'est régner avec elle.*

Dans l'arrière-corps à gauche de la porte, étoit un bas-
relief de *Dupré*, dans lequel il avoit représenté S.te Geneviève recevant une médaille des mains de S. Germain,
évêque d'Auxerre. Celui qui le remplace représente la
nouvelle Jurisprudence. « La Patrie, assise à l'entrée du
» temple des loix, montre à l'Innocence la statue de la
» Justice, et la salutaire institution du jury. L'Innocence
» embrasse avec empressement cette statue tutélaire. Deux
» figures, savoir la Jurisprudence civile et criminelle, sont
» debout, et semblent jouir du plaisir qu'elles auront à
» n'être plus que les défenseurs des innocens. Cet ouvrage
» est de *Roland*.

L'épigraphe qui se lit dans le cadre au-dessous, est :
Sous le règne des Loix, l'innocence est tranquille.

Dans chacun de ces arrières-corps on a placé, au-dessous
du bas-relief, une figure colossale élevée sur un piédestal
peint en granit; ce ne sont que des modèles en plâtre qui
pourront être exécutés dans la suite en matière plus durable.

La figure à gauche représente la Loi dans l'acte du commandement ; elle a 13 pieds de proportion, et elle est aussi de *Roland*.

Celle à droite est de même proportion ; elle représente la Force, sous l'emblème d'Hercule : cette figure est de *Boichot*.

Cette partie de porche est couverte par une grande voûte en berceau, de 58 pieds 6 pouces de diamètre. Le compartiment de cette voûte est formé par des arcs doubleaux, ornés de cartels et de doubles postes, qui répondent à l'à-plomb des colonnes.

Dans les flancs sont percées deux grandes lunettes, formant tribunes, avec balustrades. Ces tribunes sont destinées à placer de la musique les jours de cérémonies.

Les deux parties du porche des extrémités formoient péristiles au-devant de deux portes latérales qui ont été bouchées. Le mur du fond est décoré, par le haut, d'un bas-relief de même grandeur que ceux qui sont de chaque côté de la porte principale, et par le bas, d'un grouppe de figures placé sur un piédestal de même forme que ceux qui portent les figures du milieu. Dans le petit porche à droite, le bas-relief représente le Dévouement patriotique. « On y voit un guerrier mourant pour la défense de la » République. Le Génie de la Gloire et celui de la Force » le soutiennent expirant. Sa main défaillante dépose sur » l'autel de la Patrie l'épée qu'il employa pour elle ; et » ses derniers regards sont encore pour la Patrie, qui » s'avance vers lui en lui présentant la couronne du » martyr civique. » Ce bas-relief est de *Chaudet* ; il remplace celui du citoyen *Boizot*, dans lequel il avoit représenté S. Paul prêchant dans l'aréopage.

Dans le cadre alongé qui est au-dessous, on lit cette épigraphe : *Il est doux , il est glorieux de mourir pour la Patrie.*

Le grouppe qui est au-dessous est de *Masson.* Il a représenté de même un guerrier mourant dans les bras de la patrie.

Le bas-relief qui décore le fond du petit porche à gauche, a pour sujet l'Instruction publique. « La Patrie la présente » aux pères et mères de famille. Des jeunes garçons et des » jeunes filles vont au-devant d'elle, et de jeunes enfans » l'embrassent comme leur mère. *Le Sueur,* auteur de ce » bas-relief, a voulu faire entendre que l'instruction du » bas âge est celle qui est la plus importante ». Ce bas-relief remplace celui de *Houdon ,* dans lequel on voyoit S. Pierre recevant les clés de J. C.

Voici l'épigraphe qui est dans le cadre au-dessous : *L'instruction est le besoin de tous ; la société la doit également à tous ses membres.*

Le grouppe qui est au-dessous , fait par *Chaudet ,* représente la Philosophie instruisant un jeune homme, et lui montrant le chemin de la gloire et de la vertu.

Le plafond de ces petits porches est carré ; il est renfermé par les architraves des colonnes , et soutenu par une voussure décorée de grandes feuilles d'ornement.

Le pavé de ce porche doit être en granit des Vosges de Lorraine ; il sera composé de grandes parties de carreaux de deux couleurs, posés en échiquier et encadrés par des doubles platebandes. Une partie des carreaux destinés à cet usage est prête à être posée.

La longueur totale du porche, prise des faces extérieures des plinthes des colonnes des deux extrémités , est de

121 pieds, et sa largeur, depuis la face extérieure des plinthes des colonnes du devant jusqu'au mur du fond, est de 41 pieds.

On arrive à ce porche par une immense perron, composé de onze marches qui en font le tour. Pour donner une idée de sa grandeur, il suffit de dire que la marche du haut forme un pourtour de 278 pieds 4 pouces.

INTÉRIEUR DU TEMPLE.

Nef d'entrée.

CETTE nef est composée de deux parties : la première, formant une espèce de vestibule intérieur, est d'un genre différent que les quatre nefs qui se réunis ent au dôme; elle présente la disposition, en arcades de presque toutes les églises modernes bâties avant le projet de *Soufflot.* Il semble qu'il ait voulu mettre en parallèle ces deux genres si différens l'un de l'autre.

On a placé provisoirement, sous chacune de ces arcades, une figure colossale élevée sur un grand socle. Celle dans l'arcade à gauche, faite par *Lorta*, représente la Liberté avec ses attributs.

La figure sous l'arcade à droite, est de *Lucas;* elle représente l'Égalité. Ces deux figures, qui sont assises, sont des modèles en plâtre. L'exécution en pierre ou en marbre de ces modèles, devoit être placée aux deux extrémités du porche, au-devant des colonnes qui forment arrière-corps.

Au-dessus de ces arcades, on a pratiqué deux tribunes, et une autre au dessus de la face intérieure qui tient au porche. Sur cette dernière doit être placé un orgue. La voûte de cette première partie de nef est une calotte ovale, soutenue par quatre pendentifs, dans lesquels *Bovet* avoit sculpté des concerts d'anges avec des devises tirées des pseaumes. A la place de ces bas-reliefs, on a substitué quatre autres sujets, qui, sous les emblèmes différens de quatre animaux ailés, représentent l'apothéose de la Philosophie, de la Vertu, de la Science et du Génie.

La nef ensuite, qui s'étend jusqu'au dôme, est décorée de douze colonnes isolées, formant péristiles le long des murs, et de quatorze colonnes engagées qui les répètent ; toutes ces colonnes sont cannelées et espacées de 14 pieds de milieu en milieu. Leur diamètre est de 3 pieds 6 pouces, de manière que l'entrecolonnement qu'elles forment est de trois diamètres, c'est-à-dire, du genre de ceux que *Vitruve* appelle *diastile*.

La hauteur des colonnes est de 37 pieds 8 pouces, compris base et chapiteau, ce qui fait 10 diamètres et $\frac{1}{7}$, proportion beaucoup plus svelte que celle que l'on a coutume de donner aux colonnes de cet ordre, qui ont ordinairement dix diamètres ; *Vitruve* même ne leur donne que neuf diamètres et un sixième.

L'entablement qui couronne ces colonnes du côté de la nef, et qui se prolonge tout autour de la partie formant vestibule, n'a que la cinquième partie de la hauteur de la colonne. C'est la moindre proportion qu'on puisse lui donner ; dans plusieurs édifices antiques de Rome, l'entablement a près du quart. Pour former les parties de l'entablement, la règle que *Soufflot* a suivie, a été de diviser sa hauteur en cinq parties, dont il en a donné deux pour la corniche, une et demie pour la frise, et autant pour l'architrave. Toutes les moulures de cet entablement sont

taillées d'ornemens ; le dessous du larmier est orné de
feuilles d'acanthe et de canaux. La frise est enrichie de
festons formés par des rinceaux et des enroulemens dé-
coupés en feuilles d'ornement.

Les proportions du grand ordre du porche, ainsi que des
ordres qui décorent l'intérieur et l'extérieur du dôme ,
sont les mêmes que celles que nous venons de détailler,
tant pour les colonnes que pour l'entablement.

Les plafonds renfoncés des péristiles qui règnent le long
des murs, sont tous carrés et formés par les architraves
qui réunissent les colonnes ; leur compartiment offre alternativement un cadre rond et un lozange. On a supprimé
toutes les sculptures dont les milieux étoient ornés, et qui
étoient analogues à la première destination de cet édifice.

Au-dessus de l'entablement qui règne autour de la partie
du milieu, est un acrotère dont la hauteur est de 6 pieds
et demi , formant balustrade au droit de chaque entrecolonnement.

Parmi les colonnes isolées qui décorent cette nef, on en
remarque quatre placées en avant des autres , et soutenant
les angles saillans des tribunes pratiquées au-dessus. Ces
parties saillantes sont réunies par quatre voûtes circulaires,
renfermant un espace carré , dans lequel se trouve inscrite
une voûte en calotte, soutenue par quatre pendentifs qui
se raccordent avec les voûtes circulaires. Dans les parties
inférieures de ces dernières, sont pratiquées des lunettes
formant l'ouverture des tribunes.

Chaque pendentif est orné d'un bas-relief. *Soufflot,*
pour donner plus d'intérêt aux sculptures dont il vouloit
décorer les quatre nefs qui environnent le dôme, les avoit
consacrée chacune à un objet particulier. Il avoit destiné la

nef d'entrée à l'ancien testament ; en conséquence, les figures représentées dans les quatre pendentifs , étoient celles de Moïse, Aaron, Josué et David, qui furent exé- cutées par *Julien* , *Dupré* et *Bovet.*

Dans les cadres ovales des plafonds des lunettes, on voyoit des bas-reliefs dont les sujets étoient tirés de la vie de ces Patriarches. Tous ces bas-reliefs ayant été supprimés, le citoyen *Quatremere* qui dirigeoit, en qualité de com- missaire du département de Paris, les suppressions et les embellissemens à faire dans ce temple, adopta l'idée de consacrer chaque nef à un objet particulier. Celui de la nef d'entrée présente les emblêmes de la Philosophie; ainsi le sujet du premier pendentif à droite en entrant, est l'*Histoire.* « *Stouf,* son auteur, l'a représentée sous la » figure d'une femme tranquille au milieu des éclats de la » foudre, écrivant, sur les aîles du Temps , les catastrophes » et les révolutions des empires. C'est ce qu'on lit sur une » table que le Temps lui présente , et encore mieux aux » débris des sceptres et des couronnes que la Muse de » l'Histoire foule aux pieds. »

Dans le pendentif à gauche, le sujet est la *Science po- litique.* « Il se compose de deux figures, dont l'une est la » Force , et l'autre la Sagesse, qui maintient le gouvernail » et le faisceau de la République. » Cet ouvrage est d'*Auger.*

Le pendentif en face et du même côté , représente la *Législation* , par *Dupasquier.* « C'est la science des loix » inspirée par l'effigie de Lycurgue , qui écrit son code et » le présente à la République, dont une ruche est l'em- » blême. »

Le dernier à droite, du côté du dôme , a pour sujet « la » *Morale,* représentée par une femme instruisant un jeune

» homme,

» homme, et lui montrant cette sentence qui est la bâse de
» tout ordre social : *Comme toi traite ton semblable.* »
Ce bas-relief est de *Beauwallet*.

La calotte, soutenue par des pendentifs, est décorée de
cinq rangs de caissons carrés, ornés de rosaces. Ces caissons
se terminent à un cadre circulaire, dans lequel on a laissé
subsister les tables de la loi de Moïse, gravées en caractères
hébraïques.

Nef septentrionnale, c'est-à-dire à gauche en entrant.

La disposition de cette nef est telle que devoit être les
trois autres, d'après la première idée de *Soufflot*. Le fond
est terminé par un péristile semblable à ceux qui règnent
le long des murs latéraux. A l'extrêmité de ces derniers,
sont des portes de sortie ; mais comme le sol est beaucoup
plus élevé que celui de la rue, on sera obligé de placer à
l'extérieur des perrons, dont la forme n'est pas encore
déterminée.

Entre chacune de ces portes et le péristile du fond, on
a pratiqué des escaliers pour communiquer aux tribunes
et aux galeries pratiquées dans l'épaisseur de l'entablement.

La forme des voûtes, la disposition et la décoration de
l'architecture, sont parfaitement semblables à ce qui vient
d'être détaillé à l'occasion de la seconde partie de la nef
d'entrée. Seulement, à cause du péristile du fond, le
nombre des colonnes isolées est de quatorze, et celui des
colonnes engagées de dix-huit ; sans y comprendre celles
qui tiennent aux piliers du dôme ; de plus, les colonnes
ne sont point cannelées comme celles de la nef d'entrée.

L'auteur de ce temple avoit destiné cette nef à recevoir

les emblêmes de l'église grecque ; c'est pourquoi il avoit placé dans les pendentifs les figures des quatre plus fameux Docteurs de cette église, S. Athanase, S. Bazile, S. Jean Chrysostôme et S. Grégoire de Nazianze. Les artistes chargés de leur exécution, furent *Julien* et *Dejoux*, ainsi que de celle des petits-bas reliefs dans les ovales des lunettes, qui représentoient différens traits de la vie de ces Docteurs. Dans le milieu de la voûte en calotte, on avoit sculpté le *Labarum* de Constantin.

Toutes ces sculptures ont été remplacées par des sujets analogues aux sciences, auxquelles cette nef a été consacrée.

Dans le pendentif à droite en entrant par le dôme, *Baccari* a personnifié la Physique sous l'emblême de « la » Science, représentée par la figure d'une femme soule- » vant le voile qui cache la Nature. »

Le sujet du pendentif à gauche, exécuté par *Lucas*, « est l'Agriculture avec ses instrumens aratoires, et ses » productions, qui sont la vraie richesse des États. La » Patrie lui offre la couronne rémunérative des travaux » utiles. »

Dans le pendentif du fond à droite, « *Suzanne* a per- » sonnifié la Géométrie sous la figure de deux femmes, » dont l'une, qui est la Théorie, se reconnoît à la lampe, » symbole de l'Étude. Elle dirige et conduit dans ses opé- » rations une autre figure, qui est la Géométrie pratique, » occupée à tracer sur le globe la nouvelle division de la » Fance en départemens. »

Dans le dernier pendentif situé à gauche, le sujet est l'Astronomie. « Long-temps avant que le nouveau calen- » drier fût décrété, le motif en avoit été tracé au Pan- » théon dans le bas-relief de *Delaitre*. Cet artiste y a figuré

» l'Astronomie montrant à la Chronologie ce nouvel ère
» de la république Française écrit sur un cippe. »

Nef méridionale, ou à droite en entrant.

Cette nef étant parfaitement semblable à celle que
nous venons de décrire, on se bornera à dire que les sujets
de sculpture dont elle devoit être ornée étoient relatifs à
l'Église latine; mais il n'y a eu que les modèles de faits.
Dans la nouvelle destination, cette nef est consacrée aux
Arts.

Le bas-relief, dans le premier pendentif à gauche en
entrant par le dôme, est de *Chardin*. « L'on y voit le
» Génie de la Poésie et celui de l'Éloquence, qui om-
» bragent de lauriers le portrait d'Homère, le premier des
» poëtes, et de Cicéron, un des plus grands orateurs. »

Dans le pendentif à droite, on a représenté la Naviga-
tion et le Commerce; « l'une assise sur une proue de
» vaisseau et appuyée sur la boussole; l'autre, sous la
» figure de Mercure, tient les décrets sur la liberté du
» commerce. C'est *Blaise* qui est l'auteur de ce bas-relief. »

Dans le pendentif du fond, à gauche, « le sujet est la
» Musique et l'Architecture, sous l'emblème de deux
» femmes que leurs accessoires font aisément reconnoître.
» La première tient la lyre d'une main, et de l'autre
» l'hymne à la Patrie; la seconde porte un compas, et
» s'appuie sur la coupole du Panthéon. »

Dans le dernier pendentif à droite, *Petitot* a représenté
la Peinture et la Sculpture, avec leurs attributs caractéristiques. « L'artiste leur fait tenir une couronne qu'elles
» placent sur un buste, c'est celui de la Sagesse ou de

» la Vertu. L'inscription gravée sur le cippe explique
» l'idée morale de l'artiste, et celle que l'on doit prendre
» de ces arts dans leur application aux récompenses. »

Nef du fond ou orientale.

CETTE nef a été ralongée d'une arcade comme celle de
l'entrée, et de plus par une grande niche qui occupe toute
l'étendue de la partie du milieu. Il y a de même au-dessus
de la partie en arcade, une calotte ovale, soutenue par
quatre pendentifs.

Les bas-reliefs des pendentifs de cette nef étoient tous
à faire, lorsque cet édifice a été destiné à former un Panthéon. Ceux qui existent ont été affectés aux vertus pa-
triotiques, sous les emblêmes suivans.

Pendentifs de la calotte ronde.

LE premier, à droite en entrant par le dôme, a été fait
par *Cartellier*. « On y voit la Force sous la figure d'un guer-
» rier, tenant d'une main une massue, et de l'autre une
» figure de la Victoire. La Prudence est à côté de lui,
» qui, dans son langage allégorique, lui apprend que si
» la force gagne des victoires, c'est la sagesse qui les con-
» serve et peut seule les couronner.

» *Foucou* est l'auteur de celui à gauche. On y voit la
» Bonne-foi et la Fraternité qui se donnent la main. Un
» autel situé au milieu d'elles, indique la sainteté de
» leurs sermens.

» Dans le troisième pendentif, *Masson* a choisi pour
» sujet le Dévouement patriotique. C'est un Citoyen
» mourant, que l'amour de la Patrie soutient dans le
» moment où celle ci lui montre la couronne civique. »

Le Désintéressement a été représenté dans le quatrième pendentif, par *Lorta*, « sous un trait que l'histoire de la
» révolution a consacré dans ses fastes. On n'a pas oublié
» que des citoyennes de Paris furent les premières à faire
» des offrandes à la Patrie de leurs bijoux, et que ces ci-
» toyennes étoient des femmes d'artistes. Il étoit juste
» que la main de l'art éternisât ce souvenir. Il se trouve
» ici rappelé dans les figures de deux femmes, dont l'une
» détache ses pendans d'oreille, et l'autre dépose ses
» colliers, ses bracelets et tous ses joyaux sur l'autel de
» la Patrie. »

Les pendentifs de la coupole ovale sont consacrés à l'amour de la Patrie : il s'y trouve sous quatre emblêmes différens, représentés par quatre amours ailés. « Dans
» l'un, l'Amour fait une offrande à la Patrie ; dans
» l'autre, il en reçoit une couronne et chante ses bien-
» faits. Dans un troisième, l'Amour combat pour elle, et
» la couvre de son bouclier. Le quatrième exprime le
» plaisir qu'on trouve à mourir pour sa défense. Ces bas-
» reliefs sont de *Boquet*. »

Bouchement des croisées.

Il existoit le long des murs des péristiles intérieurs, une croisée dans chaque entrecolonnement, outre les vitraux des grands cintres. L'œil étoit fatigué de cette multiplicité de jours, qui se contrarioient au point que l'effet de l'architecture et de la sculpture étoit presque nul. Rien d'ailleurs n'étoit plus inutile que ces percés dans un édifice disposé de manière à recevoir le jour du haut, comme les grandes salles des thermes à Rome. Ces motifs déterminèrent le citoyen *Quatremère* à les faire boucher, et l'on voit avec plaisir que depuis que l'intérieur de ce temple est éclairé par la seule lumière du haut, les fonds des péristiles se trouvent teintés de manière à faire briller les colonnes qui sont en avant, ainsi que les entablemens et ornemens dont ils sont enrichis. L'édifice n'a rien perdu ; s'il y a moins de lumière elle est plus agréable, et pour la rendre telle, on a fait dépolir les glaces qui garnissent les vîtraux des grands ceintres ; il en est résulté deux avantages : le premier a été de procurer un jour doux et uniforme, que les rayons du soleil n'altèrent jamais. Cet effet aggrandit l'intérieur et ménage à tous les bas-reliefs l'agrément d'être bien vus à tous les momens de la journée.

Le second est d'ôter l'aspect désagréable des contreforts et des élégissemens pratiqués dans les derrières des murs de face.

Il est aussi résulté plusieurs autres avantages du bouche-ment des croisées, le premier a été le remplissage des dégagemens circulaires pratiqués dans les angles des murs qui se réunissent derrière les piliers du dôme, et qui rendroient ces endroits trop foibles pour le poids immense qu'ils ont à soutenir ; le second a été la suppression d'une infinité de chambranles et de cadres qui détruisoient l'effet des colonnes ; et enfin de procurer un fond lisse et spacieux aux monumens et aux statues que ces emplacemens sont susceptibles de recevoir.

Le sol des péristiles qui régnent autour des nefs est plus élevé de cinq marches que la partie du milieu. Le motif de cette différence de niveau, étoit de faire valoir ces péristiles en les distinguant des nefs du milieu qui devoient être libres les jours des grandes cérémonies.

Le pavé devoit être en compartimens de marbre bleu turquin et blanc veiné, mais la difficulté de s'en procurer, dans les circonstances actuelles, a fait imaginer un moyen plus économique, qui consiste à rassembler tous les marbres noirs des anciennes églises, pour en faire un compartiment avec la pierre de liais la plus dure.

La longueur totale de l'intérieur de ce temple, depuis le dedans du mur de la porte d'entrée, jusqu'au fond de la niche qui termine la nef au-delà du dôme, est de 282 pieds, celle prise en travers du dôme et des nefs latérales est de 238 pieds. La largeur de chacune des nefs prise entre les deux murs qui forment le fond des péristiles, est de 99 pieds 4 pouces.

Description de l'intérieur du Dôme.

CETTE partie de l'édifice est le point de réunion des quatre nefs qui viennent y aboutir, comme à un centre : elle est soutenue par quatre piliers triangulaires, dont les angles sont décorés par des colonnes engagées et correspondantes à celles qui forment péristiles autour des nefs. A l'intérieur du dôme, ces piliers forment quatre pans coupés, décorés de pilastres de même ordre et de même hauteur que les colonnes des nefs avec l'entablement et l'acrotère au-dessus.

Ces piliers sont réunis par quatre grands arcs qui prennent leurs naissances à 13 pouces au-dessus de l'acrotère, et par quatre pendentifs élevés au-dessus des faces intérieures qui rachettent par le haut la forme circulaire de la tour du dôme. La largeur des arcades prise entre les pilastres est de 43 pieds 2 pouces, et leur hauteur de 69 pieds 4 pouces.

Le dessus de ces arcades et des pendentifs est couronné par un entablement circulaire, dont la corniche est ornée de modillons et toutes les moulures taillées d'ornemens, ainsi que celles de l'architrave. Le diamètre du dôme pris à l'endroit de la frise qui est unie, est de 62 pieds. *Voyez les figures de la planche II.*

La partie de l'intérieur du dôme, au-dessus de cet entablement, est décorée de seize colonnes corinthiennes également espacées, élevées sur un stilobate qui pose sur l'entablemeut des pendentifs ; le diamètre de ces colonnes est de 3 pieds 2 pouces, et leur hauteur de 33 pieds 1 pouce 9 lignes.

Les entrecolonnemens sont occupés par seize croisées garnies de vitraux en fer, les quatre, situées au-dessus des piliers du dôme sont feintes et garnies de glaces. Le bas de chaque partie d'entrecolonnement au-dessous des croisées, forme des espèces de tribunes ou balcons auxquels le stilobate sert d'appui. On arrive à ces tribunes par une galerie circulaire pratiquée dans la hauteur du stilobate qui supporte la colonnade extérieure.

Au-dessus de l'entablement des seize colonnes qui décorent l'intérieur de la tour du dôme, est un grand socle; c'est à cette hauteur que la première coupole prend sa naissance. Elle est décorée de six rangs de caissons octogones, ornés de rosaces variées. Le milieu de cette voûte est ouvert par un grand œil circulaire de 29 pieds 5 pouces de diamètre. Les caissons se raccordent à cet œil par une riche bordure ornée de paquets de lauriers. Au-dessus est une espèce d'appui terminé par une corniche, dont les moulures sont taillées d'ornemens.

Le diamètre de cette coupole, pris au droit de sa

naissance,

naissance, est de 62 pieds 8 pouces. La hauteur depuis le pavé jusqu'au bord inférieur de l'œil, pratiqué au milieu de cette voûte, est de 178 pieds.

Au travers de l'ouverture de cette première coupole, on apperçoit le sommet d'une seconde voûte, qui doit être ornée d'un sujet de peinture, à l'imitation de celle des Invalides, mais qui sera beaucoup mieux éclairée. Le sommet de cette seconde voûte est élevé au-dessus du niveau du pavé de 209 pieds 7 pouces.

On parlera de la forme de cette seconde voûte et de tout ce qui est entre les deux coupoles dans la seconde partie, en faisant le détail de la construction.

Description de l'extérieur du Dôme.

Le dôme du Panthéon français présente à l'extérieur, 1.° un grand soubassement quarré. Les murs qui le forment sont un prolongement des faces extérieures de l'édifice qui forment quatre angles rentrans, dont le sommet est effacé par un pan coupé par le haut ; ce soubassement présente aussi quatre pans coupés, contre lesquelles viennent aboutir quatre forts arcs-buttans ; sur ces arcs-buttans sont des escaliers découverts servans à monter au dôme. Le dessus de ce soubassement est élevé de 102 pieds au-dessus du grand perron du porche ; 2.° d'un second soubassement ou stilobate rond, dont le diamètre est de 103 pieds, et la hauteur de 10 pieds 9 pouces ; 3.° au-dessus de ce stilobate s'élève une colonnade circulaire d'ordre corinthien, composée de trente-deux colonnes, couronnée d'un entablement avec une balustrade au-dessus ; le diamètre de ces

Voyez le 3.e et 4.e plan de la planche 1.re et la figure 1.re de la 3.e pl. n.° 101.

D

colonnes est de 3 pieds 4 pouces , et leur hauteur de 34 pieds et un quart, compris base et chapiteau. Cette partie offre l'aspect d'un temple périptère , dont les entre-colonnemens sont systiles ; c'est - à - dire, dont les intervales sont de deux diamètres.

Le péristile formé par ces colonnes est divisé en quatre parties , par des massifs en avant-corps , répondant aux quatre piliers du dôme; dans ces massifs, on a pratiqué des escaliers à vis qui prennent leur origine à la suite de ceux qui sont au-dessus des arcs-buttans.

Ces escaliers sont indiqués dans les plans et dans les coupes, par le n° 44.

La largeur de ce péristile , depuis le mur de la tour jusqu'au nud intérieur des colonnes, est de 10 pieds 4 pouces. Le pavé est en dalles de pierres dures , avec une pente suffisante pour l'écoulement des eaux , et une rigole de pierre pour les conduire de droite et de gauche , en-dehors des pans coupés du premier soubassement. Le plafond est décoré de trois rangs de caissons quarró, avec des rosaces. Enfin, le mur de la tour du dôme formant le fond de ces péristiles , est ouvert par trois grandes croisées qui répondent aux entrecolonnemens intérieurs dont il a été ci-devant question.

Le dessus de la colonnade circulaire formant péristile , est terminé par une terrasse couverte en dalles de pierre dure , avec des chevrons comme celle des angles du premier soubassement.

Voyez le 7.e plan de la pl. I.re

Cette terrasse est divisée, dans sa circonférence, en trente-deux parties composées chacune de cinq gradins séparés par des grandes pierres ou chevrons qui recouvrent les joints montans de celles formant gradins ; il résulte de cette combinaison une couverture très-solide, impénétrable à l'eau des pluies et des neiges.

Le long de la partie de balustrade qui forme appui, règne

un trotoir avec une rigole en pierre dure , et des gargouilles dans lesquelles viennent se rendre les eaux qui tombent, tant sur la terrasse que sur le dôme, et de-là dans huit tuyaux de descente en fonte de fer, dont l'embouchure est garnie de grilles pour les garantir des ordures qui pourroient les obstruer. Ces tuyaux descendent le long des massifs qui divisent le péristile de la colonnade du dôme en quatre parties.

4.° Un attique formé par le prolongement du mur circulaire de la tour du dôme qui forme le fond du péristile : la hauteur de cet attique est de 18 pieds et un quart , en y comprenant la corniche qui le termine ; son diamètre extérieur est de 75 pieds , il est décoré de seize croisées en arcades, ornées d'archivoltes et d'impostes, et placées dans des renfonce-mens quarrés. Ces croisées sont garnies de vitraux en fer.

5.° Une grande voûte en coupole, qui prend sa naissance au-dessus du socle de la corniche de l'attique , dans lequel se trouve creusé le cheneau doublé de plomb qui règne autour.

Le diamètre extérieur de cette coupole, pris à sa nais-sance, est de 73 pieds 2 pouces, sa hauteur depuis le dessus de l'attique jusqu'au dessus du balcon circulaire qui lui sert d'amortissement, est de 43 pieds ; son galbe est divisé par seize côtes saillantes, dont la largeur est égale à la moitié des intervalles : elle est couverte en plomb, posé immédiatement sur l'extrados de la voûte.

Le sol du balcon qui termine le galbe de cette coupole, est élevé de 223 pieds 5 pouces au-dessus du grand perron de la principale entrée, et de 62 pieds 10 pouces au-dessus de celui qui est au bas de la lanterne des Invalides ; de sorte que c'est le point le plus élevé de Paris. Le balcon qui étoit au bas de la lanterne , et qui a été démoli, étoit environ six pieds plus haut que celui qui existe.

L'amortissement au-dessus du dôme est formé par un piedestal ou acrotère rond, terminé par une calotte, et destiné à soutenir une renommée en bronze de 27 pieds de proportion, dont le modèle de même grandeur a été exécuté par Dejoux, et se voit à l'atelier du Roule.

Dans l'intérieur de ce piedestal on a pratiqué un petit observatoire destiné à servir pour des opérations astronomiques ou trigonométriques. Le sol de cet observatoire est plus élevé que le balcon extérieur de 4 pieds 3 pouces , et de 138 pieds au-dessus de l'appui de la terrasse de l'observatoire.

Église souterreine. Sous la nef du fond on a pratiqué une église souterreine qui sert actuellement de crypte ou de chapelle sépulchrale aux Grands hommes à qui la Représentation nationale a accordé les honneurs du Panthéon. C'est-là que reposent actuellement les restes de Voltaire et de Rousseau, sous des modèles de sarcophages, en bois peints en marbre , qui doivent être exécutés en granit et en marbres précieux.

La partie du milieu de ce lieu sépulchral, est décorée de colonnes toscanes , accouplées et sans bases qui supportent la voûte. Les parties environnantes offrent de gros piliers quarrés répondans aux colonnes du haut ; ces piliers sont décorés par des pilastres aussi d'ordre toscan , et réunis par des voûtes d'arêtes et des arcs doubleaux. L'appareil de cette partie de l'édifice est fait avec beaucoup de régularité et de soins ; il mérite de fixer l'attention de ceux que la curiosité et la vénération pour les Grands hommes peuvent y conduire.

Le sol de cette crypte ou chapelle sépulchrale est à 18 pieds au-dessous de celui de la nef supérieure : elle est éclairée de droite et de gauche par des vitraux demi-circulaires, en-dehors desquels on a pratiqué des fossés pour procurer plus de jour.

On devoit descendre dans cette chapelle souterreine par un double escalier circulaire, qui auroit répondu au milieu du dôme. Cet escalier n'ayant pas eu lieu, on vient de construire en-dehors de la face orientale, un grand perron à deux rampes, qui descend de la nef supérieure, en sortant par les portes latérales, situées aux extrémités des péristiles intérieurs qui règnent des deux côtés de cette nef. Ce double perron aboutit par le bas à un palier commun, sur lequel se trouve la porte d'entrée, et a une descente qui répond au milieu de la crypte sépulchrale. Cette porte occupe l'emplacement du vitrail du milieu; les deux autres ont été conservés.

On y descend encore par deux escaliers ronds, à noyau évidé, pratiqués dans les massifs joignans la grande niche qui termine la nef du fond.

SECONDE PARTIE.

*Détails et explications relatifs à la construction
du Panthéon français.*

L a solidité d'un édifice tel que le Panthéon français,
dépendoit de trois conditions principales, 1.º de la fermeté
du sol, 2.º de la bonne construction des ouvrages établis
dessus, 3.º des dimensions à donner aux murs et points
d'appui, tant par rapport à la charge qu'ils devoient soutenir, qu'à cause des efforts auxquels ils pouvoient avoir
à résister.

D'après ces principes, le premier soin de l'architecte
fut de s'assurer du sol, et par les recherches qu'il fit à ce
sujet, il reconnut que l'espace que devoit occuper son
édifice, étoit criblé d'une infinité de puits, comblés avec
des décombres.

La plupart de ces puits avoient été creusés pour en tirer
une espèce de glaise, dont on faisoit de la poterie.

Tous ces puits, dont quelques-uns avoient jusqu'à 80 pieds
de profondeur, furent fouillés de nouveau et remplis en
maçonnerie solide faite en moëllons et libages ; c'est-à-dire,
en pierre de taille, sans paremens, et dont les lits et joints
étoient dressés à la pointe : ce remplissage eut lieu jusqu'au
niveau des plus basses fondations qui se trouvent environ
à 20 pieds au-dessous du pavé de la place.

Après cette première opération qui remédioit à toutes
ces excavations ; on égalisa le fond, qui se trouva un bon
sable, dont on fit usage pour le mortier employé dans la

maçonnerie des fondemens. Sur toute la superficie de ce fond bien nivelé et battue, ou posa quatre assises de libages, à bain de mortier et battues à la hie. C'est sur ce massif général qu'on traça le plan de l'édifice, afin de mieux observer les retraites et empattemens qu'il étoit à propos de donner aux murs et points d'appuis, à l'effet de leur procurer plus d'assiette.

Les fondemens de tous les murs et massifs furent construits en libages; au-dessous de toutes les colonnes isolées, on éleva des piliers de six pieds en quarré, en pierres de taille, avec des parremens rustiqués, qui formoient des liaisons sur tous les sens; et afin d'entretenir et de lier ces piliers les uns avec les autres : on construisit dans les intervalles des murs en moëllons de trois pieds d'épaisseur. Quoique ces murs fussent posés sur le massif général, ils furent érigés sur deux assises de pierres taillées en voussoirs, formant ensemble un double arc renversé.

Le motif de ces arcs étoit d'étendre l'effort de la pression provenant de la charge des piliers sur une plus grande surface, c'est-à-dire sur toute celle ou portent les arcs. Ce moyen a été imaginé par *Léon-Baptiste Alberti*, architecte florentin, afin d'éviter de fonder un mur continu sous des points d'appuis isolés, placés dans une même direction; mais comme ici les piliers sont érigés sur un massif en pierre de taille, composé de quatre assises : on peut regarder cette précaution de l'architecte comme surabondante.

Outre les murs en moëllons qui relioient les piliers, servant de fondemens aux colonnes, on remplit encore en maçonnerie le vide quarré qu'ils laissoient entre eux.

On observa sur-tout le plus grand soin à construire le massif général sous les quatre piliers du dôme : il fut exécuté tout en libages, posés à bain de mortier et battus à la hie; chaque assise fut posée en retraite, afin de procurer plus d'empattement, sur-tout à l'intérieur, où l'on présumoit que la plus forte pression devoit se faire.

Dans le vide circulaire qui restoit au milieu de ce massif, on construisit deux autres murs concentriques, réunis par des voûtes en moëllons avec des chaînes de pierres.

Enfin, sous les colonnes isolées qui sont autour du dôme, au lieu de piliers, on construisit des murs en libages, qui se relient avec les massifs des piliers du dôme, et ceux des pans coupés, formés par les murs extérieurs de l'édifice. Les vides entre ces murs furent remplis en maçonnerie de moëllons jusqu'au principal sol de l'édifice.

Caveaux sous les nefs latérales et celle d'entrée.

Le surplus des murs en fondations et des massifs, tant des nefs latérales que de la nef d'entrée et du grand porche, ne fut d'abord monté que jusqu'à environ 12 pieds au-dessous du sol principal; à cette hauteur on remblaya en terres toutes les parties qui ne l'avoient pas été en maçonnerie de moëllons, et on établit une distribution de murs, pour relier tous les massifs et points d'appuis correspondans avec ceux du haut, à l'effet de former des caveaux voûtés sous chaque entre-colonnement. L'espace répondant au milieu de ces nefs fut divisé en trois berceaux sur la largeur, qui se continuent dans toute leur longueur.

Caveaux sous le grand porche.

Les voûtes sous le grand porche consistent en une voûte principale qui occupe toute la partie du milieu, et à chaque extrémité en deux berceaux qui se recroisent sous le vide des entre-colonnemens. Tout autour, sous les marches du perron, règne une galerie voûtée en arc rampant. Toutes ces voûtes sont en moëllons piqués, avec des chaînes en pierres de taille, ainsi que les parties de

murs

murs qui ne répondent pas aux murs et points d'appuis
du haut.

Tous les libages employés aux constructions que l'on
vient de décrire ont été tirés des carrières d'Arcueil, de
la meilleure qualité, posés bien de niveau sur *calles*
en bonne liaison, de manière qu'ils forment harpe de
tous côtés, dans les murs et massifs de moëllons qui les
environnent.

Toutes les pierres de tailles formant parement à l'extérieur
jusqu'à 20 pieds d'élévation au-dessus du sol du rez-de-
chaussée, sont tirées du fond de Bagneux ; les entrepreneurs
avoient acheté les carrières, afin d'employer constamment
la même pierre ; pour n'avoir que la partie la plus dure
de cette pierre, on a réduit les assises à 11 pouces
d'épaisseur, en observant de finir de poser chaque assise
dans toute l'étendue, avant d'en recommencer une nouvelle,
afin que le tassement se fit également.

Par tous ces procédés et les précautions scrupuleuses
apportées à leur exécution, on est parvenu à former sous
le dôme, ainsi que sous le reste de l'édifice un sol parfaitement solide. Le citoyen *Patte* a fait l'éloge de ces procédés,
il les propose pour modèle dans le parallèle qu'il a fait des
moyens employés à Saint-Pierre de Rome, à la Magdeleine
de la Ville-l'Évêque, et à l'église de Saint-Germain-en-Laye,
mais on est étonné qu'il approuve la méthode vicieuse qui
a été adoptée pour la taille des lits et la pose des pierres
formant parement, qui est une des principales causes des
dégradations arrivées aux piliers du dôme : voici comment
le citoyen *Patte* s'explique à ce sujet dans un de ses ouvrages
intitulé : *Mémoire sur les objets les plus importans de
l'architecture*, page 185.

E

« L'ouvrier en taillant sa pierre suivant les dimensions
» qui lui sont tracés par l'appareilleur, observe non-seu-
» lement de laisser quelques mains du côté du parement,
» mais encore de pratiquer sur les bords de chaque lit,
» 4 ou ou 5 pouces de lisses ou de plumées, et de faire sur
» le reste de la superficie un petit renfoncement rustiqué
» de 3 ou 4 lignes, destiné à recevoir le mortier ; il a
» encore l'attention de tailler une autre plumée de 3 ou
» 4 pouces de largeur sur le bord intérieur du joint montant
» du parement, et de laisser le reste brute. De plus, il lui
» est recommandé de tenir toujours l'angle de sa pierre,
» plutôt maigre que gras, afin d'avoir une ligne ou deux
» à ôter sur la place.

» Lorsqu'une pierre est préparée de cette manière, elle
» est en état d'être placée dans son cours d'assise. Pour
» cet effet, les poseurs commencent à mettre des calles de
» bois de chêne d'environ deux lignes d'épaisseur, sur la
» plumée des pierres de l'assise inférieure qui doit la
» recevoir ; ils font répondre ces calles aux différens angles
» de la pierre en question, en évitant toutefois de les
» placer trop près des arêtes, *de crainte qu'elles ne les*
» *fassent éclater lors du tassement*, ensuite les ouvriers
» élèvent cette pierre sur le cours d'assise inférieure, et la
» posent en liaison et bien de niveau, à l'aide des mains
» de pierre : après l'avoir approché de celle qui l'avoisine,
» afin que leurs angles se touchent, ils terminent le joint
» montant sur place, de manière à le rendre presque im-
» perceptible avec une petite scie à main, de l'eau et du
» grès.

» Après cette opération, les ouvriers introduisent de la
» filasse entre le bord du joint de lit du parement, et la

» font entrer de force, pour que le mortier qui doit être coulé
» entre ces pierres, soit retenu, et ne puisse s'échapper
» ou baver par cet endroit. Cela fait, ils versent de l'eau
» où ils ont délayé de la chaux par les joints supérieurs
» des pierres, afin de les bien abreuver, et d'empêcher
» qu'elles ne boivent trop promptement l'eau du mortier,
» ce qui nuiroit à son action sur les pierres, dans les pores
» desquelles il ne doit s'incorporer que peu-à-peu. Enfin,
» ils finissent par *couler le mortier*, tant par l'intervalle
» des joints montans, que par celui des joints de lit qui
» ne sont pas apparens ; et pour que l'espace entre chaque
» joint horisontal *soit rempli autant que faire se peut et*
» *également* ; ils se servent à cet effet d'une espèce de petite
» scie recourbée vers le manche, laquelle a des dents
» taillées de façon à faire avancer le mortier et à l'étendre,
» en même temps, sans cependant pouvoir l'emporter en
» la retirant.

» Il ne s'agit plus, après cela, que d'arracher cette filasse
» d'entre les joints, lorsque l'on juge que le mortier a acquis
» de la consistance, et qu'il n'y a plus à craindre qu'il
» puisse baver. »

OBSERVATION.

Il résulte de cette manière de creuser le lit des pierres
jusqu'à 4 à 5 pouces près des paremens, que les joints de
derrière ont 8 à 10 lignes, tandis que ceux qui sont apparens
n'ont que deux lignes d'épaisseur ; d'où il arrive, que lorsque
le tassement occasionné par la charge supérieure, vient
à se faire, tout le poids se porte sur la partie qui est la
moins susceptible d'être comprimée ; c'est-à-dire, sur les
4 à 5 pouces de plumée réservée auprès des paremens,

et sur-tout aux endroits des calles. C'est ce qui fait qu'après le moindre tassement, les joints ne se trouvant plus susceptibles de compression, les paremens éclattent, tandis que les joints du milieu, qui ont quatre fois plus d'épaisseur, se trouvent à peine assez resserrés pour équivaloir à la retraite qu'éprouve le mortier, par l'évaporation de la quantité d'eau qu'on est obligé d'y mettre pour le faire *couler* sous toute l'étendue du lit de la pierre. Il est cependant bon de remarquer, que ce procédé n'ayant eu lieu, que pour les pierres qui forment paremens, les inconvéniens qui en résultent, sont moins dangereux pour les parties en fondations, qui forment de très-gros massifs, sur-tout si les pierres du milieu sont posées immédiatement sur le mortier et battues à la hie, parce que les retraites et les empattemens font qu'il n'y a guères que le milieu qui réponde aux constructions supérieures.

Constructions supérieures.

Après que toutes les voûtes des caveaux souterreins furent formées, et qu'on eut élevé tous les murs et points d'appui du bas, à la hauteur du sol des nefs, on remplit les reins des voûtes en bonne maçonnerie de moëllons et mortier, pour former un arrasement général.

Sur cette superficie bien de niveau, on traça de nouveau le plan de l'édifice, en observant des retraites ou empattemens tout autour des murs, massifs et points d'appuis en fondation, afin de donner plus d'assiette et de stabilité aux parties supérieures. La construction de ces parties continua à se faire avec les mêmes procédés et les mêmes soins jusqu'à 4 à 5 pieds au-dessus du sol pour les murs extérieurs. Ce fut à cette époque, c'est-à-dire en septembre de l'année 1764, que Louis XV posa la première pierre d'un des piliers du dôme. Cette cérémonie, qui se fit avec beaucoup d'éclat, éveilla la jalousie de quelques personnes contre l'architecte de ce monument ; on lui reprocha que la taille des pierres revenoit à plus de soixante livres la toise quarrée, ce qui étoit quatre fois plus cher que dans les bâtimens ordinaires : on le força, pourainsi dire, de donner cette taille à la tâche banale aux ouvriers. Ce moyen vicieux eut lieu pour toutes les parties de l'édifice, jusqu'à la hauteur des chapiteaux des colonnes. Les inconvéniens qui en sont résultés, sont que toutes les parties qui n'étoient point apparentes, telles que les lits et joints furent faites à la hâte, mal dégauchies et avec des flâches. On étoit obligé, pour poser ces pierres, de les échaffauder sur des calles plus ou moins épaisses, pour contenter l'à-plomb des paremens et le niveau des assises. Comme c'est la construction des piliers du dôme qu'il est le plus important de connoître, je vais joindre ici un détail qui m'a été communiqué par un constructeur habile, qui étoit alors employé comme tailleur de pierre et compagnon du tâs de ces travaux.

La pose des assises des piliers du dôme, se commençoit ordinairement par la grande face, d'abord par le tambour d'une des colonnes engagées, ensuite par le pilastre, en continuant ainsi jusqu'à l'autre colonne. Toutes les pierres étoient posées sur des *calles* de deux lignes d'épaisseur, du côté du parement placées à environ trois pouces de l'arête, et par derrière sur des *calles* ou des *coins* plus ou moins épais, selon que les pierres étoient plus ou moins démaigries. Le ficheur commençoit son opération par jeter de l'eau sous la pierre pour l'arroser dans toute son étendue, et en chasser la poussière. Après avoir filassé le joint du parement, il formoit un godet en mortier le long du joint de derrière, dans leqnel il versoit une quantité de coulis proportionnée à la grandeur de la pierre, pour faciliter l'introduction du mortier jusqu'à l'autre extrémité, ensuite il finissoit par remplir son joint avec du mortier ordinaire, qu'il poussoit dessous avec la fiche, jusqu'à ce que la pierre fit un mouvement tendant à la soulever et à la déranger, ce qui lui indiquoit qu'elle étoit assez fichée. Cette opération se continuoit avec assez de facilité pour toutes les pierres de la grande face et de celle en retour, mais il n'en étoit pas de même de la troisième face, sur-tout lorsque les pierres avoient beaucoup de queue, ce qui étoit alternativement indispensable pour former liaison dans le pilier. Alors le poseur commençoit à mettre les plus fortes pierres du côté où le pilier avoit le plus d'épaisseur et finissoit son assise par l'endroit où il étoit le plus mince. D'après cet exposé, on sent que le fichage des pierres de cette dernière face n'étoit pas aussi facile que celui des deux autres ; le défaut d'espace ne permettant pas de faire jouer la fiche par le travers de la pierre, on étoit alors réduit à la ficher par le bout. Enfin, lorsque le poseur arrivoit à la dernière pierre formant clausoir, qui étoit plus ou moins longue suivant le joint de dessous qu'elle devoit recouvrir pour former liaison, après l'avoir placée sur ses *calles*, comme il se trouvoit serré de tous côtés, on étoit réduit à remplir le joint de lit et les joints montans avec du simple coulis. On le faisoit plus ou moins clair, selon la grandeur de la pierre et celles des joints.

Quant au vide qui restoit dans le milieu, lorsque les pierres des paremens étoient posées, on le remplissoit avec des libages taillés exprès pour la place, les plus forts étoient posés sur *calles* et fichés , les moyens étoient posés sur mortier et battus à la hie : les joints montans de tous les libages étoient coulés ou remplis au mortier, suivant leur largeur.

Lorsque le remplissage étoit fini , un tailleur de pierre procédoit au dérasement du tâs ; c'est-à-dire du dessus de l'assise , et finissoit par *démaigrir* le dessus du lit des pierres qui ne l'avoient pas été au chantier.

Voilà exactement la manière dont chaque assise du pilier du dôme a été construite et mise en place. On a employé les mêmes procédés pour toutes les autres parties de l'édifice qui furent construites dans le même temps.

Sur la fin de 1770, lorsque je fus chargé par feu *Soufflot* de tous les détails relatifs à la construction, les colonnes du porche de l'entrée et les murs extérieurs de l'édifice , étoient élevés jusqu'au dessus de l'astragale.

Dans l'intérieur, l'entablement étoit posé aux piliers du dôme et trois assises au-dessus formant socle. Tous les chapiteaux des colonnes isolées étoient en place, ainsi que la partie de l'architrave formant sommier.

Il s'agissoit alors de poser les chapiteaux des grandes colonnes du porche, et de faire les plates-bandes et les voûtes. La grande portée des unes et des autres, jointe au peu de résistance des colonnes, avoit déjà fait essayer plusieurs projets dont on n'étoit pas content. La difficulté étoit non-seulement de contenir la poussée des plates-bandes, mais de les construire de manière à former une espèce d'enrayure, qui, loin de pousser , pût contenir les efforts de la grande voûte du milieu du porche et des plafonds.

L'idée de feu *Soufflot* étoit d'élégir les parties au-dessus des plates-bandes, par des arcs dont il falloit encore contenir la poussée. Après y avoir bien réfléchi, je trouvai qu'il étoit possible de détruire un effort par l'autre, en suspendant, pour ainsi dire, une partie de chaque plate-bande aux voussoirs inférieurs de l'arc en décharge placé au-dessus; pour mieux faire comprendre ce méchanisme, je fis un modèle à pouce pour pied, qui fut accepté, et je fus chargé de suivre l'exécution. L'appareil est disposé de manière que les sommiers de chaque plate-bande ont une double coupe qui les rendent communs à l'arc et à cette plate-bande; le derrière des deux premiers voussoirs de cet arc, posé sur chaque sommier, forme un joint d'à-plomb dans lequel sont placés deux ancres de fer; à ces ancres sont enfilés, de droite et de gauche, deux étriers de même matière qui s'accrochent à un double T, réunissant les sept claveaux du milieu de la plate-bande, par le moyen d'un fort boulon à écroux qui les traverse tous. Il résulte de cet arrangement que la poussée de l'arc ne peut agir sans soulever les sept claveaux du milieu de la plate-bande, et détruire par conséquent sa poussée.

Voy. planche 6.

Outre ce moyen, les claveaux des plates-bandes sont encore soutenues par deux rangs de T enfilés par des barres qui passent sur leurs estrades, et par une forte chaîne dans le milieu. Chaque barre qui enfile le T, est soutenue dans sa portée par deux étriers qui s'accrochent à d'autres barres placées sur l'estrade des arcs; toutes ces barres sont reliées au bout les unes des autres par des enmanchemens, et arrêtées à leurs extrémités par des ancres pour former chaîne. Tous ces moyens réunis forment une enrayure capable de soutenir l'effort des voûtes de l'intérieur, disposées d'ailleurs de manière à en avoir peu. La grande

voûte

voûte du milieu qui a 58 pieds ÷ de diamètre au droit des arcs doubleaux, sur 18 pieds de hauteur de ceintre, va en diminuant d'épaisseur, depuis la naissance jusqu'au milieu, où elle n'a que 8 pouces, ce qui affoiblit beaucoup la poussée. Comme la partie du milieu de cette voûte a peu de courbure, on l'avoit surhaussée d'environ 3 pouces, croyant qu'au déceintrement elle baisseroit au moins d'autant, mais ses buttées étoient tellement fixes, que cet effet n'a pas eu lieu, et que l'on apperçoit des tribunes ce léger pli en y faisant attention.

Dans toute cette construction, ainsi que dans toutes celles qui ont été faites depuis, les lits et les joints des pierres n'ont pas pas été démaigris, on s'est contenté de les piquer légèrement.

La charpente au dessus de la grande voûte du porche est combinée de manière, qu'au lieu d'augmenter l'effort de la poussée, elle s'y opposeroit, si elle pouvoit avoir lieu.

Pour produire cet effet, chaque ferme est reliée par des doubles moises qui empêchent toute espèce d'écartement.

Le toit que forme cette charpente étoit d'abord selon la pente du fronton, on l'avoit couvert en feuilles de cuivre laminées, réunies en tous sens par des plis à recouvrement, qui empêchoient l'eau de pénétrer par les joints. Malgré cette précaution, ce cuivre, après avoir été en place environ six ans, exposé aux intempéries de l'air, se trouva faire eau de toutes parts, par une infinité de petites gerçures, qui ne se manifestèrent qu'avec le temps. Ces inconvéniens furent cause qu'il fallut le supprimer, et qu'on fut obligé de surhausser le toit, en laissant subsister les anciennes fermes, pour couvrir cette partie en ardoises, telle qu'elle existe.

Un des grands inconvéniens de cette couverture en cuivre

étoit le gonflement causé par la dilatation, lorsqu'elle étoit échauffée par le soleil. Au lieu de rassembler ces feuilles de manière à ne former qu'une seule pièce, il auroit mieux valu que chaque feuille fut disposée de façon à céder sans inconvénient aux effets de la dilatation et de la condensation.

Les parties au-dessus des tribunes qui sont couvertes en plomb n'ont pas éprouvé les mêmes accidens, quoique plus plates.

Pl. 3, n.º 108. En 1773, on a continué l'entablement autour de l'édifice, en observant par-derrière des élégissemens en arcade au-dessus de chaque entrecolonnement intérieur.

Les plates-bandes et les plafonds qui réunissent les colonnes isolées de l'intérieur ont été faits dans le courant des années 1774 et 1775, ainsi que l'entablement. On a employé, pour leur construction, les mêmes procédés qui ont été mis en œuvre pour les plates-bandes du portail; c'est-à-dire que les claveaux qui les forment, sont entretenus par une chaîne générale, et une double rangée de T, enfilés dans des barres posées sur l'extrados, et que la partie du milieu est soutenue par des étriers de fer accrochés à des ancres posés derrière les premiers voussoirs d'une espèce d'arc de décharge placé au-dessus.

Les plafonds sont bandés sur tous sens, et l'appareil est assujéti au compartiment des cadres ronds ou lozanges; on a mis des goujons dans les joints.

Les voûtes des galeries pratiquées au-dessus des plafonds des péristiles intérieurs qui règnent le long des murs, sont formées par des arcs rampans, qui prennent leur naissance au-dessus de chaque colonne engagée; et pour ne point charger les plates-bandes adossées aux murs, on a pratiqué au-dessus des élégissemens en arcades, qui se raccordent avec les arcs rampans, par des remplissages en briques formant voussure. Planche n.ᵒˢ 108 et 110.

On remarque, dans chacun de ces arcs rampans, deux barres de fer verticales qui accrochent les plates-bandes au-dessous, et qui répondent à des ancres couchés sur l'extrados de ces arcs : on peut les regarder comme des moyens surabondans qui pourroient être supprimés si on le vouloit.

Ces galeries étoient éclairées par les parties circulaires des croisées qui ont été bouchées. On y a suppléé en pratiquant des ouvertures derrière les balustrades qui sont au-dessous des grands vitraux demi-circulaires. Pl. 3, n.ᵒ 112.

Au-dessus de ces galeries sont des terrasses couvertes en dalles de pierre dure, avec une gargouille pour conduire les eaux pluviales. Ces terrasses sont des espèces de cours hautes d'où les vitraux qui éclairent les nefs et les tribunes prennent leurs jours.

On peut monter à ces galeries par huit escaliers, dont deux sont du côté de la principale entrée attenant au mur du porche ; deux autres dans le fond de chacune des nefs latérales, et deux à l'extrémité de la nef du fond : ces deux derniers sont circulaires et les autres quarrés ; ils sont tous construits en pierre de liais. Leur appareil est disposé de manière que chaque marche porte son limon ; la surface de dessous est développée selon le rampant des marches.

On monte, de ces galeries aux tribunes attenantes aux piliers du dôme, par quatre escaliers doubles en équerres. Planche 1.ʳᵉ, 2.ᵉ plan n.ᵒ 3a et plan 2.ᵉ, même numéro.

Les tribunes sont voûtées en calotte avec des petits pendentifs ; elles sont ouvertes par des lunettes pratiquées dans les voûtes cilindriques des nefs, l'appui qui est au bas et orné de balustres. L'appareil de ces voûtes se combine Planc. 3.ᵉ, n.ᵒ 26 et 27.

avec celui des arcades pratiquées dans les lunettes et des parties qui leur correspondent.

On communique aux autres tribunes par les huit escaliers qui viennent d'être désignés Les grandes tribunes au-dessus des arcades qui forment le prolongement de la nef d'entrée et de celle du fond, sont voûtées en berceau, avec de petites lunettes aux extrémités ; leur ouverture sur ces nefs est formée par un arc surhaussé avec une balustrade par le bas. Dans le fond est un vitrail de même forme..

Les voûtes cilindriques, les calottes et les pendentifs qui les soutiennent, sont exécutées en pierre de Conflans ; l'appareil est régulier et par rangs d'assises horisontales. L'intérieur des pendentifs est creux pour ne pas surcharger les colonnes isolées sur lesquelles ils reposent. Les arcs doubleaux qui renferment les pendentifs, sont extradossés de niveau à la hauteur du dessus de la clé, afin de recevoir les chaînes de fer horisontales qui les réunissent.

Détail de la construction du Dôme.

Nous avons ci-devant expliqué la manière dont les piliers du dôme ont été construits jusqu'à la troisième assise au-dessus de l'entablement de l'ordre intérieur ; nons allons actuellement continuer le détail des constructions supérieures. Les travaux de cette partie ne furent repris qu'en 1776 ; pendant cette campagne, on a voûté les quatre grandes arcades qui font la communication du dôme avec les nefs, et les quatre pendentifs qui rachetent la forme circulaire de l'intérieur de la tour. Toute cette partie a été exécutée en pierres dures et posée avec soin ; les lits et joints n'ont pas été démaigris, mais seulement piqués, tous les remplissages ont été posés sur mortier. L'appareil a été dirigé de manière

que les voussoirs des arcs se raccordent avec ceux des pendentifs, et que les efforts qui résultent de ces deux espèces
de voûtes, tendent à se détruire.

Chacune des arcades dont il vient d'être question,
est composée de deux arcs de diamètre différens, mais
concentriques, l'un a 2 pieds 8 pouces 9 lignes d'épaisseur
apparente, et l'autre 2 pieds 9 pouces 6 lignes, ce qui
fait, pour l'épaisseur entière de l'arcade, 5 pieds 6 pouces
3 lignes.

Le premier arc répond aux pilastres qui forment l'extrémité des piliers du dôme, et le second aux colonnes
engagées attenantes à ces pilastres. Par cette disposition,
il est aisé de voir que les piédroits du premier arc sont
fortifiés dans toute leur étendue, par les massifs dont ils
font partie, au lieu que les colonnes engagées, sous lesquelles retombe l'autre arc, ne correspondent à ces massifs
que sur une largeur de 11 pouces, d'où il résulte derrière
ces colonnes un porte-à-faux de 22 pouces ½ racheté par
des encorbellemens.

N.° 25 et 26, pl. 1.re et 2.e

Le motif qui a fait étendre l'épaisseur des arcades au-delà
du nud des piliers, étoit de décorer l'intérieur de la tour
par une ordonnance de colonnes, en retirant le mur de la
tour 3 pieds 4 pouces plus loin que le nud intérieur. L'é-
paisseur de ce mur ayant été réglé à 3 pieds 5 pouces, il
auroit fallu, pour établir le bas de la tour du dôme, que
l'épaisseur des arcades eût 6 pieds 7 pouces, au lieu de
5 pieds 6 pouces 3 lignes; mais comme l'épaisseur de 6 pieds
7 pouces n'étoit nécessaire que vers le milieu de l'arc, on
l'a complété par quatre encorbellemens, dont le dernier
forme une portion d'assise circulaire. Tel est le soubassement sur lequel est érigé l'intérieur du dôme; il offre en

Voyez les n.os 42, 43 des plan-ches 1.re et 2.e

9.e planche 1.re 2.e

3.e plan, planche 1.re

plan un massif quarré en-dehors et circulaire en-dedans.
Le n.º 34 indique la partie d'arc qui répond au massif des
piliers ; le n.º 35, celle qui retombe sur les colonnes
engagées n.º 12 : on a indiqué, par le n.º 36, la saillie
en segment de cercle rachetée par les encorbellemens
exprimés à la planche 2.º, n.º 103.

Les angles extérieurs de ce soubassement, répondans
au-dessus des piliers du dôme, sont fortifiés par quatre
arcs-buttans, qui prennent leur naissance aux angles opposés,
formés par la réunion des murs de face.

Un de ces arcs-buttans est indiqué dans le 3.º plan de
la planche première par le n.º 38 : on voit que pour embrasser
une plus grande partie de l'angle des murs extérieurs, on
a formé deux branches circulaires, indiquées par le n.º 39,
qui se raccordent avec ces murs cotés 19. Outre cela,
l'angle rentrant extérieur se trouve fortifié par un pan
coupé marqué 18.

On voit sous le même n.º 39, la manière dont ces branches
se raccordent avec les murs, et se terminent en-dessus
au 4.º plan de la planche 1.ʳᵉ et à la figure 1.ʳᵉ de la
3.º planche.

Le n.º 38 de la figure 2.º de la seconde planche indique
la coupe d'un des arcs-buttans.

Pour soutenir le premier soubassement de l'extérieur
du dôme, on a construit quatre grands arcs, dont le diamètre
a 95 pieds 5 pouces, sur 31 pieds 10 pouces 6 lignes d'élévation de ceintre. Ces arcs dont la courbure est formée
par la chaînette, prennent leur naissance aux mêmes angles
que les arcs-buttans, mais à 10 pieds 6 pouces plus bas ;
ils sont, pour ainsi dire, un prolongement des murs
extérieurs qui leur servent de buttée ; ils forment autour

Voyez les n.ᵒˢ 37 des planches 1.ʳᵉ et 3.º

N.º 19. pl. 1.ʳᵉ

du soubassement de la tour du dôme, un quarré, dont les
angles intérieurs sont occupés par quatre grands pendentifs
qui rachetent la forme circulaire, afin de soutenir le stilobate
qui supporte la colonnade extérieure. Les arcs-buttans dont
il vient d'être parlé, traversent le milieu de ces pendentifs
qui se prolongent en voûte rampante, jusques contre les
faces extérieures du soubassement intérieur. Les parties
qui répondent au milieu de ces arcs, sont élégies par deux
lunettes qui se croisent en voûte d'arrête.

On a fait choix de la chaînette pour la courbe des grands
arcs et des pendentifs qu'ils renferment, parce que c'est
celle qui convient le mieux aux voûtes, qui, comme celle-ci,
ne sont faites que pour servir de moyen de construction,
et parce que, cet espèce de ceintre formant, avec les
piédroits, un angle de 141 degrés, renvoye une grande
partie de sa charge sur la longeur des murs de face.

Le n.º 37 indique dans toutes les planches, le développe-
pement de ces arcs, et leur position par rapport aux sou-
bassemens intérieur et extérieur, et aux murs de face,
ainsi qu'on peut le voir au 3.ᵉ et 4.ᵉ plan de la planche
première, et aux figures 1 et 2 de la planche deuxième.

La figure première de la planche troisième, exprime
sous le n.º 57, la face de la moitié d'un de ces arcs avec
l'appareil. Il est bon d'observer que vers les flancs, une
partie des coupes sont brisées de manière à diminuer
encore la charge de l'angle où ils prennent naissance.
Cette précaution étoit d'autant plus nécessaire, que lors
de leur construction, ils étoient évidés par le bas pour
former un dégagement circulaire, et au-dessus par une
double croisée qui répondoit au pan coupé extérieur.

Le n.º 37 de la figure 2.ᵉ, de la même planche, fait voir

la réunion de deux de ces arcs, à leur naissance, et le pendentif qu'ils renferment, coté 4o, avec l'appareil. Le n.º 58 indique la coupe d'un des arcs-buttans à l'endroit où il traverse ce pendentif.

Au-dessus de la partie de voûte, formée par le prolongement des pendentifs, règne une première galerie circulaire, formée d'un côté par le mur de la tour dn dôme qui prend extérieurement la forme ronde à cette hauteur, et de l'autre par le mur du stilobate rond de l'extérieur. On a voûté cette galerie en arc rampant, afin de contreventer le mur du dôme; et pour élégir le mur du stilobate qui porte sur les pendentifs, on a pratiqué des renfoncemens en arcades, qui forment lunettes dans la voûte rampante.

Dans le mur de la tour du dôme, sont percées douze portes, avec des marches pour communiquer à autant de tribunes pratiquées entre les bases des colonnes qui décorent l'intérieur du dôme, et dont il a déja été question.

Cette galerie est divisée en quatre parties par des massifs érigés au-dessus des piliers du dôme; dans chacun de ces massifs, on a pratiqué un escalier circulaire pour monter aux parties supérieures du dôme; ces escaliers sont en vis à jour, les marches portent leur limon, lequel est profilé pour servir de main courante; le dessus des marches forme une surface, suivant le rampant des marches.

Dans le quatrième plan, et dans les coupes de la planche deuxième, les n.ᵒˢ 45 indiquent deux parties de ces galeries; 41 désigne les massifs, 44 les escaliers pratiqués dedans; le mur circulaire du dôme, érigé à 3 pieds 3 pouces d'épaisseur, est indiqué par le n.º 42; 46 désigne les portes par lesquelles on communique aux tribunes de l'intérieur, désignées par les n.ᵒˢ 47.

Le

Le cinquième plan de la planche 1.re fait voir la disposition des colonnes qui décorent l'intérieur et l'extérieur du dôme avec les péristiles. Dans ce plan, ainsi que dans les coupes de la planche deuxième ; 41 indique les massifs au-dessus des piliers du dôme, 42 l'épaisseur des murs derrière les colonnes ; 43 les colonnes de l'intérieur ; 44 les escaliers dans les massifs ; 47 les tribunes intérieures. Dans la partie cotée 48, il ne se trouve pas de tribune. Les n.ºs 97 indiquent les croisées qui éclairent la tour du dôme ; 98 sont des croisées feintes qui répondent aux massifs et aux piliers du dôme ; les colonnes du péristile extérieur sont désignées par le n.° 50, et 55 indique le sol de ce péristile : on voit dans la coupe, figure 1.re, de la seconde planche, le profil de la gargouille qui conduit les eaux, et celui du trotoir qui règne entre les socles des colonnes.

Les colonnes extérieures du dôme ont été construites en pierre dure jusqu'au-dessus de l'astragale ; on leur a donné 18 lignes de fruit à l'intérieur, afin de leur procurer plus de solidité pour soutenir l'entablement et la balustrade qui les couronne. Le mur de la tour du dôme, depuis le dessus de l'appui des croisées, est construit en pierre de Conflans, ainsi que les colonnes de l'intérieur. Toutes les pierres ont été posées sans démaigrissement, et sur des calles de plomb susceptibles de suivre l'affaissement du mortier.

Dans l'épaisseur de l'entablement intérieur, au-dessus du vide de chaque croisée, on a pratiqué des évidemens indiqués dans les coupes de la planche deuxième, par la lettre *V*.

Les chapiteaux des colonnes extérieures sont en pierres de Conflans, ainsi que l'entablement jusqu'à la cimaise, laquelle est en pierre dure, ainsi que la balustrade au-dessus.

G

Les architraves sont exécutées dans le même système de celle du portail et des nefs de l'intérieur, avec une double rangée de *T*, dans les joints des claveaux, enfilés dans des barres formans chaînes, indépendamment de celle du milieu qui se réunit aux axes des colonnes; de plus, le milieu de ces plates-bandes est soutenu par des étriers, arrêtés avec des ancres dans les premiers voussoirs des arcs formans élégissemens au-dessus.

La voûte plate qui forme le plafond du péristile, est aussi en pierre de Conflans, appareillée par rangs de claveaux concentriques au mur du dôme, au-dessus sont des doubles tirans qui réunissent fortement cette voûte au mur de la tour.

La galerie circulaire pratiquée au-dessus, dans la hauteur de l'entablement, est voûtée en arc rampant avec des lunettes, formées par le prolongement des arcs en élégissement au-dessus des plates-bandes. comme cette voûte est située sous une terrasse, on l'a construite en pierre de Vergelé. Elle est traversée par des doubles tirans, disposés en forme de *V*, de manière que, du côté des lunettes, ils répondent à deux ancres et à un seul du côté du dôme.

Le mur du dôme est élégi par des renfoncemens voûtés en arcades, dont le fond se raccorde avec le bas de la première coupole intérieure. Ce fond, qui a très-peu d'épaisseur, forme en plan une courbe circulaire opposée à celle de l'intérieur du dôme; les pierres de chaque assise sont taillées en double coin, de manière à reporter l'effort de la coupole sur les massifs qui séparent les arcs.

Ces renfoncemens sont indiqués dans le 6.e plan de la planche première, et dans les coupes de la seconde planche, par les n.os 57 et 58.

(51)

La première coupole intérieure prend sa naissance à 18 pouces au-dessus du sol de cette galerie, elle est construite en pierre de Conflans, par assise horisontale, et extradossée depuis le sol des croisées de l'attique, où se trouve une espèce de plate-forme, divisée en quatre parties par autant d'escaliers placés au-devant d'une des croisées, et qui répondent à ceux pratiqués dans les massifs au-dessous.

Dans le septième plan de la planche première, et dans les coupes de la seconde, cette première coupole est indiquée par le n.º 65 ; 66 désigne un petit trotoir pratiqué autour de l'œil de cette voûte, afin de procurer, delà, la vue de l'intérieur : on y arrive par un petit escalier pratiqué sur l'extrados de la voûte.

Le n.º 67 indique l'épaisseur de l'appui, coupé au-dessous de la corniche, et 68 le dessus de cette corniche qui termine l'ouverture de l'œil.

64 fait voir la plate-forme qui règne autour des croisées de l'attique, au bas de la coupole ; 96 indique ces croisées.

63 désigne les escaliers ; 42 indique le mur de l'attique, qui est la continuation de celui de la tour du dôme, et qui depuis son érigement, conserve sa même épaisseur. Les parties cotées 62, qui sont plus épaisses, comprennent les premières retombées de la voûte intermédiaire, dont l'objet étoit de porter la lanterne, et par suite, le couronnement qui termine le dôme.

Dans la partie de ce plan, qui indique le dessus de la terrasse qui couvre la colonnade extérieure du dôme ; le n.º 69 indique les dalles à recouvrement formant gradins, et 70 les chevrons en pierre d'une seule pièce qui recouvrent les joints montans ; les n.ºˢ 71 indiquent les tuyaux de descente, 72 la rigole en pierre, où viennent se rendre les eaux, 73 le trotoir qui règne autour de la balustrade, et 74 le dessus de cette balustrade.

La voûte intermédiaire prend sa naissance au-dessous du sol de la plate-forme qui règne en-dedans des croisées de l'attique ; son diamètre intérieur, à cet endroit, est de 65 pieds 8 pouces, et sa hauteur jusques sous la clé, de 47 pieds. Cette voûte devant être chargée, à son sommet, d'un poids considérable, et de plus extradossée ; on a fait choix de la chainette pour la courbure de son ceintre, comme étant celle qui convenoit le mieux dans cette circonstance.

Pour éclairer la partie intérieure de cette voûte, sur laquelle devoit être peinte une apothéose dans un ciel lumineux : on a ouvert sa partie inférieure par quatre grande lunettes de 35 pieds de haut sur 29 pieds de largeur par le bas. Chacune de ces lunettes répond à trois croisées de l'attique, ce qui produit à l'intérieur une très-grande lumière.

Il étoit nécessaire de fortifier les parties inférieures de cette voûte affoiblies par ces grandes lunettes ; pour y parvenir, on a formé des jouées qui les retiennent avec le mur de l'attique, et des balcons placés à la hauteur de la naissance de la coupole extérieure. Ces balcons qui forment voussure en dessous, se raccordent par des parties circulaires avec les lunettes environ à moitié de leur hauteur ; par ce moyen, les parties inférieures de voûte, entre les lunettes, se trouvent réunies avec autant de solidité que s'il n'y avoit pas d'interruption entre elles, et que si les lunettes n'étoient ouvertes que du dessus du sol de ces balcons.

La voûte intermédiaire est toute construite en pierre de Conflans, et appareillée par assises horisontales ; les parties

pleines entre les lunettes répondent aux piliers du dôme.
A partir du sol des balcons dont il vient d'être parlé, on
a établi sur l'extrados de cette voûte deux rampes d'escaliers
opposées, qui conduisent sur la plate-forme pratiquée
au-dessus du sommet de cette voûte. Ces escaliers qui sont
en pierres dures, servent en même temps de contre-forts,
ils se raccordent par le bas à un palier, soutenu par une
double rampe ; aux deux autres endroits où il ne se trouve
pas d'escalier, l'extrados est fortifié par une côte saillante
qui a la même largeur.

Sur la plate-forme qui termine cette voûte, est érigée
une tour circulaire, soutenue dans le bas par huit arcades.
On a pratiqué dans l'intérieur un grand escalier à jour qui
conduit au balcon placé autour du piédestal extérieur, et
dans le petit observatoire pratiqué à l'intérieur.

La grande coupole extérieure est construite en pierre
de Vergelé ; elle est élégie à l'intérieur par des évidemens
en forme de niches, il s'en trouve quatre rangs, formés
chacun par seize niches ; la largeur de ces niches est double
de celle des côtes qui les séparent, et leur profondeur est
égale à la moitié de l'épaisseur de la voûte. L'appareil de
cette voûte est fait avec beaucoup de soin ; la fermeture
des niches mérite d'être remarquée.

A quatre pieds environ au-dessus du sol du balcon
intérieur qui règne au bas de cette voûte, on a pratiqué,
dans le milieu de chaque renfoncement du premier rang
de niches, des jours ou petites fenêtres de chacune 2 pieds
de largeur, sur 10 pouces de haut. Ces fenêtres, placées
à la hauteur de l'œil, sont autant de cadres qui renferment
des vues intéressantes.

Le plomb qui recouvre la partie extérieure de cette voûte,

est disposé par bandes horisontales, de manière que les intervales entre les côtes sont recouverts d'une lame d'une seule pièce, de même que les côtes. Ces lames se raccordent, dans les angles formés par les côtes, autour d'une tringle de fer qui y est scellée ; elles sont soutenues dans le bas par des crochets de fer plats scellés en soufre ; par le haut, elle sont arrêtées avec des clous à larges têtes forgés exprès ; ces clous se trouvent cachés par le recouvrement de chaque bande horisontale, qui est d'euviron 6 pouces.

Les n.ᵒˢ des 8.ᵉ et 9.ᵉ plans de la planche première, et ceux correspondans des coupes de la planche deuxième, indiquent les différentes parties dont il vient d'être parlé ; ainsi, le n.º 75 désigne la forme en plan des élégissemens et côtes pratiqués dans la coupole extérieure ; 75 est le chaîneau qui règne au bas ; 78 les petits jours placés dans le bas de la voûte ; 79 le balcon intérieur qui sert à contre-butter les parties inférieures de la voûte en chaînette ; 80 est la partie supérieure de cette dernière voûte ; 81 sont les piliers des arcades érigés au-dessus du sommet de cette voûte ; 82 est le sol de la plate-forme qui supporte l'escalier pour monter au balcon extérieur ; 83 indique les côtes de la grande coupole et 84 les intervales ; 85 est le balcon autour de l'acrotère qui termine le dôme ; 88 la petite coupole ; 87 les gradins autour ; 89 le petit observatoire pratiqué dans l'intérieur de l'acrotère, et 90 les petites fenêtres qui l'éclairent.

TROISIÈME PARTIE.

Dans laquelle on examine si les murs et points d'appuis du Dôme ont les dimensions nécessaires pour résister aux efforts qu'ils ont à soutenir.

Au commencement de la seconde partie de ce mémoire, nous avons dit que la solidité d'un édifice tel que le Panthéon français, dépendoit de trois conditions principales : la première étoit la fermeté du sol, la seconde condition étoit la bonne qualité des constructions établies dessus ; et la troisième les dimensions des murs et points d'appuis relativement à la charge et aux efforts qu'ils ont à soutenir.

On a fait voir, dans la seconde partie, que la bonté du sol, jointe aux moyens particuliers que l'on a employé pour l'affermir, satisfaisoient entièrement à la première condition. Quant à la seconde concernant la bonne qualité des constructions, nous avons rendu compte de la manière dont elles ont été faites, et des matériaux que l'on y a employé : on a fait sentir les inconvéniens qui résultoient du système vicieux qu'on avoit adopté pour les parties inférieures, et qui malheureusement a été suivi jusqu'à 48 pieds de hauteur au-dessus du sol. Il nous reste à parler de la troisième condition relative aux dimensions des murs et points d'appuis, par rapport à la charge et aux efforts qu'ils ont à soutenir.

Nous allons commencer par examiner ce que le citoyen *Patte* a écrit en 1770, pour prouver que les piliers déjà exécutés, n'avoient pas les dimensions nécessaires pour soutenir la coupole projettée alors par *Soufflot*. Sa principale objection étoit qu'il falloit plus de 8 pieds d'épaisseur au mur de la tour du dôme, pour résister à la poussée de cette coupole, et au moins autant pour celle des arcs qui devoient la soutenir.

« Si quelqu'un (dit-il dans son avant-propos) venoit
» sérieusement proposer d'élever sur un mur isolé de 3 pieds
» 9 pouces d'épaiseur et de 80 pieds d'élévation ; un autre
» mur de plus de 8 pieds d'épaisseur par le bas et de 40 pieds
» de haut, avec l'obligation de faire encore soutenir à l'ex-
» trémité de ce dernier, la poussée de deux grandes voûtes,
» il ne pourroit, à coup-sûr, y avoir qu'une voix pour
» condamner l'exécution d'un pareil ouvrage. Voilà ce-
» pendant, dans toute sa simplicité, le sujet de notre
» problème ; le mur isolé de 3 pieds 9 pouces et de 80 pieds
» d'élévation, est la proportion des piliers de l'église de
» S.te Geneviève, déjà exécutés et destiné à porter son
» dôme ; le mur de 8 pieds d'épaisseur, est celui que les
» principes établis pour la poussée des voûtes, joint aux
» exemples de construction, nécessitent de donner pour
» contre-venter une coupole de 63 pieds de diamètre,
» comme celle en question. Est-il vrai, en effet, qu'on ne
» puisse se dispenser de donner au moins 8 pieds d'épaisseur
» au bas de la tour du dôme qu'il s'agit d'élever au centre de
» l'église de S.te Geneviève ? Telle est la question que nous
» allons développer, en nous appuyant sur des faits simples,
» et dont on ne puisse contester la vérité ».

La réponse à cette question n'est pas difficile, il suffit de dire que le mur de la tour du dôme qui existe, n'a que 3 pieds 3 pouces d'épaisseur ; cependant il sontient trois grandes voûtes, au lieu de deux, et il a résisté à tous

les

les efforts de la poussée et même au tassement inégal,
que les piliers ont éprouvés par leur mauvaise construction;
si le citoyen *Patte* n'eut allégué que cette dernière cause,
on ne peut pas s'empêcher de dire qu'il auroit eu raison ;
mais il se fonde d'abord sur les règles que *Fontana* a donné,
dans un ouvrage intitulé . *Descrizzione del tempio Vaticano,*
pour déterminer les proportions des parties principales des
dômes, d'après plusieurs édifices de ce genre exécutés
à Rome ; nous ne dirons rien de celles que prescrit cet
auteur, relativement à la forme et à la décoration; mais
quant à l'épaisseur du mur de la tour des dômes, qu'il
fixe à la dixième partie du diamètre intérieur, on observe
que cette règle n'est fondée sur aucun principe certain,
qui puisse la faire regarder, ainsi que le croit le citoyen
Patte, comme *une pratique excellente à suivre, d'accord
avec la théorie qu'il seroit dangereux de restreindre ;* on
peut opposer aux édifices cités par *Fontana*, des édifices
de même genre et aussi considérables, dont l'épaisseur des
murs est beaucoup moindre.

Le mur de la tour du dôme de *Saint-Pierre* de Rome,
mesuré entre les contre-forts, comme *Fontana* a mesuré
ceux qu'il cite, n'a que la quatorzième partie du diamètre
intérieur ; celui du dôme de Saint-Luc, aussi à Rome,
n'en a que la treizième ; le mur de la tour du dôme du
Rédempteur à Venise, bâti par *Palladio*, n'a que la
quatorzième partie sans contre-forts : au dôme des Invalides,
cette épaisseur est la douzième partie : enfin, l'épaisseur
du mur de la tour du dôme du Panthéon, n'est que la
vingt-unième partie du diamètre intérieur.

Le citoyen *Patte* fait ensuite l'application de la formule
algébrique que *Belidor* donne pour trouver l'épaisseur des

H

piédroits d'une voûte en berceau, à une coupole de 63 pieds
de diamètre, dont il détermine les autres dimensions par
les règles de *Fontana*; il trouve que pour une voûte en
berceau de même diamètre, ceintre et épaisseur, il faudroit
des murs de 8 pieds 10 pouces 11 lignes 4 points; mais
comme il s'agit d'une voûte sphérique, il a recours à
Frezier, lequel dans son traité de la coupe des pierres,
dit : « Que les voûtes sphériques poussent plus de la moitié
» moins que les berceaux simples, et par conséquent,
» qu'en ne donnant à leur piédroits que la moitié de
» l'*épaisseur de ceux des berceaux*, conditionnés de même,
» ils seroient encore plus forts qu'il n'est nécessaire pour
» les mettre en équilibre avec la poussée ».

Ainsi, selon *Frezier*, il ne faudroit donner, d'après le
calcul du citoyen *Patte*, que 4 pieds 5 pouces 5 lignes $\frac{1}{3}$
pour l'épaisseur du mur de la tour d'un dôme qui soutiendroit
une voûte sphérique de 63 pieds de diamètre; c'est-à-dire,
un quatorzième du diamètre intérieur.

Pour mettre tout le monde en état de juger si cette
épaisseur est suffisante, ou s'il convient d'y ajouter, pour
qu'elle s'accorde avec la règle de *Fontana*, nous allons
examiner la différence qu'il y a entre une voûte en berceau
et une voûte sphérique.

D'abord il faut observer que dans les voûtes en berceau
les rangs de voussoirs forment des joints horisontaux parallèles aux murs qui leur servent de piédroits, d'où il résulte
que le moindre effort supérieur à la résistance de ces piédroits,
peut causer une désunion dans toute leur longueur, tandis
que dans les voûtes sphériques, chaque rang de voussoirs
forme une couronne circulaire qui se soutient d'elle même,
quelque soit l'inclinaison du joint sur lequel elle est posée.

De plus, chacune de ces couronnes étant composées de pierres posées en liaison les unes sur les autres, de même que les assises qui forment le mur circulaire qui les supportent; il faudroit, pour que la désunion eut lieu, qu'il se fit un déchirement dans la voûte sphérique, et dans le mur circulaire qui la soutient : or, cet effet exigeroit un effort beaucoup plus considérable que celui de la poussée d'une voûte même en berceau.

De plus, si on divise une voûte en berceau, dont la longueur est égale au diamètre, en plusieurs tranches parallèles formant chacune un arc, la poussée de chacun de ces arcs agira séparément, de manière que l'effort total ne sera ni augmenté ni diminué.

Mais si on divise une voûte sphérique en un même noumbre de parties, par des plans qui se croisent à l'axe, la direction de la poussée changera pour chaque tranche triangulaire, de manière qu'il en résultera une combinaison qui diminuera de beaucoup l'effort total.

C'est cette propriété des voûtes sphériques qui fait qu'on peut les couper en deux parties égales par un plan vertical passant par l'axe, et que les deux demi-voûtes en niche qui en résultent, peuvent se soutenir indépendamment l'une de l'autre, et par conséquent sans aucun effort d'une moitié contre l'autre.

Pour m'assurer de cet effet, j'ai fait faire un modèle de voûte sphérique divisé en huit parties égales par des plans verticaux qui se croisent à l'axe, chacune de ces parties est subdivisée en deux autres, par un joint à la hauteur de 45 degrés, ce qui forme en tout seize morceaux. Cette voûte est élevée sur un mur circulaire de même épaisseur, et divisé aussi en huit parties égales, correspondantes à celles de la voûte, elle se soutient solidement, et peut même porter un poids sur son sommet. Ayant substitué aux huit parties de mur circulaire, huit petites colonnes de même hauteur disposées de manière que les joints verticaux de la voûte répondoient au milieu de chaque colonne ; cette voûte s'est encore soutenue ; cependant le cube de ces huit colonnes ne faisoient que la neuvième partie de la tour qu'elles remplaçoient.

Tout ce que nous venons de dire, joint à cette expérience, semble déjà prouver que les voûtes sphériques n'ont point de poussée, il nous reste à voir si la théorie le confirme.

L'expérience et les principes de méchanique prouvent que dans toutes sortes de voûtes, dont la surface intérieure est courbe, les parties inférieures jusqu'à une certaine hauteur, tendent à tomber en-dedans, et que les parties supérieures ne se soutiennent qu'en agissant en sens contraire, avec un effort qui tend à renverser les parties inférieures et les piédroits qui les supportent. Cela posé, si des points B et D *fig.* 5, *planche* 8, on mène deux tangentes indéfinies à la courbe intérieure d'une voûte, et que du point F où elles se rencontrent, on tire la sécante FO, qui coupe perpendiculairement cette courbe en N, elle séparera les parties inférieures qui tendent à tomber en-dedans, de celles qui agissent en sens contraire ; dans les voûtes en plein ceintre, la sécante FO partage la demi-voûte en deux parties égales ; de sorte que si cet espèce de voûte est extradossée également, la partie supérieure qui cause la poussée, sera égale à l'inférieure qui lui résiste ; mais comme les parties poussantes, vu leurs positions, agissent avec plus de force que les parties résistantes, c'est la différence de ces deux efforts qui tend à renverser le piédroit, que l'on appelle *poussée des voûtes*.

Si par le point N on tire l'horisontale INL, la partie LN pourra indiquer l'effort de la partie supérieure, et IN celui de la partie inférieure qui lui résiste, en tendant à tourner sur le point B, de sorte que si l'on considère la voûte indépendamment des piédroits, l'effort de la partie supérieure sera exprimé par son poids multiplié par LN; de même l'effort de la partie inférieure sera exprimé par le produit de son poids par IN, d'où il résulte que si les poids étoient en raison inverse de LN, et de IN les produits étant égaux, il n'y auroit pas de poussée; c'est précisément ce qui arrive dans les voûtes sphériques.

Le profil d'une demi-voûte sphérique et d'une demi-voûte circulaire de même diamètre et épaisseur, étant semblable, les parties poussantes et résistantes de l'une et l'autre voûte paroîtront égales; mais en plan, il faut remarquer que la partie qui cause la poussée d'une voûte sphérique, est une calotte exprimée par le demi-cercle KST, tandis que la partie poussante de la voûte circulaire correspondante, est représentée par le rectangle $EHMP$, bien plus considérable que le demi-cercle KST. Cela posé, on démontre en Géométrie que la surface de la sphère, est égale à celle du cylindre circonscrit, d'où il résulte que la superficie intérieure d'une voûte sphérique, est aussi égale à la voûte circulaire correspondante.

On démontre encore, que la superficie intérieure de la calotte qui cause la poussée, est égale au produit de la circonférence de cercle, dont BO est le rayon, multiplié par la flèche DL, et que celle de la partie inférieure qui résiste à cet effort, est égale à la même circonférence multiplié par OL, d'où il suit que dans les voûtes sphériques, la partie poussante est à celle qui résiste, comme DL est à LO, comme le sinus verse de 45 degrés est à ce sinus, c'est-à-dire, que le rapport est un peu moindre que celui de 3 à 7; et comme dans les voûtes dont la courbe est une demi-circonférence de cercle, DL est égal à IN, il en résulte que les parties LN et IN de l'horisontale INL, qui représentent les efforts supérieurs et inférieurs, sont entre elles comme le sinus de 45 degrés est à son sinus verse; c'est-à-dire en raison inverse des parties de la voûte sphérique, comme nous l'avons dit ci-devant (1).

Ainsi, l'expérience d'accord avec la théorie, prouve que les voûtes sphériques n'ont point de poussée, et que bien loin de tendre à écarter les murs circulaires sur lesquels elles posent, elles les affermissent par leur poids : on peut donc se dispenser de donner aux murs qui supportent les voûtes en coupole, une épaisseur plus forte que celle de ces voûtes par le bas, sur-tout lorsqu'elles vont en diminuant d'épaisseur et qu'elles sont surhaussées; la règle prescrite par *Fontana*, n'est donc pas comme le dit le citoyen *Patte, une pratique excellente à suivre, d'accord avec la théorie qu'il seroit dangereux de restreindre.*

Les trois voûtes qui terminent le dôme du Panthéon français ont ensemble, par le bas, une épaisseur réduite de 4 pieds 6 pouces, quoique le mur circulaire qui les soutient à différentes hauteurs, n'ait que 3 pieds 3 pouces, et qu'il soit ouvert par douze grandes croisées de chacune 8 pieds 4 pouces de large; et malgré le tassement qui a eu

---

(1) Je me propose de publier un petit traité théorique et pratique de la construction et de la poussée des voûtes, dans lequel on trouvera une explication plus détaillée de cette propriété des voûtes sphériques.

(63)

lieu et les accidens qui se sont manifestés aux piliers, on
ne s'est apperçu d'aucun effort latéral qui tende à écarter
les parties de ce mur.

Quant à la position de la tour d'un dôme érigée sur des
arcs et des pendentifs, soutenu en avant de ses points
d'appuis ; le principal effet qu'il en résulte, est une forte
tendance à l'intérieur, occasionnée par la majeure partie
du poids du dôme, soutenu par les pendentifs, et transmise
en partie sur les arcs et les faces intérieures des piliers.

Les pendentifs peuvent être considérés comme des
portions d'une voûte sphérique, prenant sa naissance sur
les faces intérieures des piliers. Le diamètre de cette voûte
étant plus grand que celui de la tour du dôme, elle se
trouve tronquée verticalement par les faces des quatre
grandes arcades formant l'ouverture des nefs, et horisontalement par l'intérieur de la tour circulaire du dôme, de
manière que les parties restantes, c'est-à-dire les pendentifs,
se trouvent retenus chacun de trois côtés; savoir de droite
et de gauche par les arcades, et dans le haut par l'assise
formant cercle qui les réunit tous quatre ; d'où il résulte
que ces pendentifs ne peuvent céder à la charge qu'ils
soutiennent, sans agir contre le flanc des arcades sur
lesquelles ils s'appuyent. Mais l'assise formant cercle qui
réunit les pendentifs s'y oppose, et l'obstacle qu'elle y met
est d'autant plus grand, que cet effet ne peut avoir lieu,
sans qu'il se fasse un écrasement, non-seulement dans les
pierres composant cette assise, mais encore dans toutes
les parties de la tour qui ne se trouvent pas interrompues
par des vides.

La partie de la tour portée par les arcades seroit capable
d'occasionner un effort de poussée contre les points d'appui

qui les soutiennent, mais cet effort se trouve b.lancé et
même détruit, par celui des pendentifs qui pressent les
reins de ces arcades avec une force supérieure. On a
cherché à augmenter cet effet autant qu'il étoit possible de
le faire, en disposant les voussoirs qui terminent les
assises des pendentifs du dôme, de manière qu'ils se relient
avec ceux des arcades.

Pour parvenir à connoître la valeur de ces efforts, on
à considéré un quart de la tour avec le pilier qui y répond,
et on a reconnu qu'en supposant ce quart isolé, il ne
pourroit pas se soutenir seul, quoique d'une seule pièce,
parce que la verticale qui passe par le centre de gravité
de sa masse, tombe hors de la face intérieure des piliers,
a 5 pieds 6 pouces 5 lignes en avant des pilastres, de sorte
qu'il auroit besoin de l'aide d'une puissance quelconque
qui renvoyat le fardeau sur le pilier : or, il est évident que
tout l'effort qui résulteroit de ce renvoi, tomberoit sur
la face intérieure des piliers et sur les colonnes engagées
qui soutiennent les grandes arcades formant l'ouverture
des nefs. Si l'on tire une ligne CH parallèle à cette face,
qui passe par le centre de ces colonnes, elle indiquera l'axe
ou le milieu de la plus forte impression, c'est ce qui se
trouve confirmé par l'expérience, puisque les pilastres et
les colonnes qui y tiennent sont les plus maltraités.

Le poids de ce quart de dôme jusqu'au-dessous des architraves des piliers, est de 7,449,980, son centre de gravité
se trouve à 6 pieds 4 pouces 8 lignes de l'axe CH, d'où
il résulte que l'effort avec lequel il tend à culbuter est
de 45,597,075. Cet effort se distribuant sur une superficie
d'environ 80 pieds, donne pour chacun 569,963.

Il résulte de toutes les expériences faites jusqu'à présent

pour

Planche 1re.

(65)

pour connoître le poids moyen que l'espèce de pierre dont
ces piliers sont construits, peut porter avant de s'écraser,
seroit de 715,113 livres par pied superficiel. D'autres expériences faites depuis, avec une machine placée au Panthéon,
paroissent indiquer qu'un pied superficiel de cette espèce
de pierre, ne commenceroit à se fendre que sous un poids
de 792,000, et que cette même superficie porteroit avant
de s'écraser 1,287,000. Mais je suis obligé d'observer que
cette machine fatiguée par une infinité d'expériences précédentes ne donne plus de résultats justes, parce qu'elle
a été forcée, il y a environ quatre ans, par des expériences
que j'ai faites sur des tringles de fer, sur des pierres et
des bois d'une trop grande superficie de base. Avant qu'elle
fut forcée, j'avois trouvé que le poids moyen, porté par
plusieurs parallélépipèdes de 2 pouces de superficie de base,
avant de s'écraser, étoit de 5,795, ce qui ne feroit, pour
un pied superficiel, que 417,240; c'est-à-dire, trois fois
moins que ne donnent les dernières expériences. Cet objet
étant d'une importance majeure, il est essentiel d'entrer
à ce sujet dans quelques détails.

Soufflot fit faire en 1774 une machine en fer, sur le
modèle de celle que le citoyen *Gauthey*, Ingénieur des Ponts
et Chaussées, avoit imaginé pour éprouver les pierres de
Bourgogne. Les pièces principales de la machine de *Soufflot*
(qui depuis sa mort a été déposée à la ci-devant Académie
d'Architecture), consistant en un montant dans lequel est
enmanché un levier mobile autour d'un fort boulon : on
plaçoit sous ce levier une pièce de fer à base quarrée d'environ 4 pouces de superficie sur 6 pouces de haut, formant
biseau en-dessus ; c'est entre cette pièce de fer et un morceau
de bois de chêne, posé debout, de 7 à 8 pouces de gros,

Voy. la fig 5.
de la planche 8.^e

I

que l'on plaçoit la pierre à écraser sur une plaque de fer
d'un demi-pouce d'épaisseur. La distance du centre du
boulon, au milieu du biseau de la pièce de fer, étoit
d'environ 2 pouces ; le plateau de balance où l'on posoit
les poids, étoit accroché à une distance égale à trente fois
celle du milieu du biseau au centre du boulon, ensorte
que l'effort qui écrasoit la pierre, étoit évalué à trente fois
celui placé sur le plateau de balance, outre le poids du
levier et du plateau.

Comme j'avois assisté à toutes les expériences faites par
Soufflot, j'avois remarqué que lorsque la pierre à écraser
exigeoit un grand poids, le levier qui tournoit autour du
boulon, éprouvoit un frottement considérable qui néces-
sitoit un poids beaucoup plus fort qu'il ne falloit pour
écraser les pierres.

La machine des Ponts et Chaussées, exécutée sur le même
modèle, quoique faite avec plus de précision, avoit le
même inconvénient ; cependant elle éprouvoit beaucoup
moins de frottement. C'est pour éviter tout-à-fait ce frottement du levier contre le boulon, que je fis faire, partie
en bois et partie en fer, la machine qui a servi aux dernières
expériences.

Dans cette machine, (représentée en partie par la
figure 4 de la planche 8) ; le levier n'est point arrêté par
un boulon, il pose sur un appui fixe de fer plat de 4 lignes
d'épaisseur, taillé par-dessus en biseau. Au-dessus de ce
levier on place une autre pièce, qui porte en-dessous un
biseau qui s'appuye sur le levier ; c'est sur la surface plane
et horisontale, formant le dessus de cette pièce, que l'on
pose la pierre à écraser, et pour qu'elle ne se dérange point
lorsque le levier la fait agir, on a pratiqué des rainures

dans les faces latérales qui coulent le long des deux languettes verticales arrêtées dans les montans de bois de la machine. On place sur la pierre à éprouver une autre pièce semblable à la précédente, mais qui n'a point de biseau ; dans la face supérieure de cette dernière est un trou rond, peu profond, dans lequel s'ajuste le bout d'une vis de pression, afin de pouvoir éloigner ou rapprocher les deux pièces, selon la hauteur de la pierre à écraser.

La distance, entre le point d'appui du levier et le biseau de la pièce placé dessus, est de 16 lignes et demi ; le levier est en bois de chêne, et sa partie qui répond au biseau du point d'appui et à celui de la pièce supérieure, est garnie d'une platte-bande de fer de 4 lignes d'épaisseur ; ce levier comprend dans sa longueur soixante-trois divisions de chacune 16 lignes et demi, de sorte que l'effort de cette machine peut-être jusqu'à soixante-trois fois plus fort que le poids placé à la dernière division de ce levier.

Aussi-tôt que cette machine fut finie et posée en place, avec toute la précision et la solidité dont elle étoit susceptible, je m'empressai de faire des expériences comparatives avec celle de *Soufflot,* qui étoit alors à l'Académie d'Architecture, et celle de *Perronet,* placée à l'école des Ponts et Chaussées, rue de la Perle, au Marais. Je fis faire à ce sujet douze parallélipipèdes ; savoir six en pierre de liais, pris dans le même morceau, et six autres en pierre dure du fond de Bagneux, dont on a fait usage pour la construction des piliers du dôme du Panthéon français, pris aussi dans un même morceau.

Ces douze parallélipipèdes avoient chacun une base quarrée de 2 pouces de superficie, et leur hauteur étoit de 2 pouces : voici quel fut le résultat des expériences faites sur les parallélipipèdes en pierre de liais, avec la machine de *Soufflot;*

le premier s'écrasa sous un effort de 20,640. } poids moyen.
le second sous................ 19,360. } 20,000.

Des deux parallélipipèdes éprouvés avec la machine des Ponts et Chaussées, le premier fut écrasé sous un effort

de...................... 9,664. } poids moyen.
le second sous............. 11,536. } 10,600.

Des deux autres mis en expérience sous ma machine,

le premier s'écrasa sous un poids de 6,242. }
le second sous................ 6,248. } 6,250.

Parallélipipèdes en pierre du fond de Bagneux.

Des deux éprouvés avec la machine de *Soufflot,*

le premier s'écrasa sous un poids de 14,198. }
le second sous................ 15,642. } 14,920.

A la machine des Ponts et Chaussées,

le premier s'écrasa sous un poids de 8,706. }
le second sous................ 9,450. } 9,080.

Des deux éprouvés avec ma machine,

le premier s'est écrasé sous..... 5,862. }
l'autre sous.................. 5,728. } 5,795.

Il résulte de toutes ces expériences, que d'après celles faites avec la machine de *Soufflot,* posée à l'Académie d'Architecture, le pied superficiel de la pierre de Bagneux, porteroit avant de s'écraser............. 1,074,240.
d'après la machine des Ponts et Chaussées. 653,760.
et d'après celle que j'ai rectifiée......... 417,240.

Mais comme les points d'appuis d'un édifice ne sont pas faits pour s'écraser sous la charge qu'ils ont à soutenir, en ne prenant que la moitié du poids sous lequel cette pierre s'écrase, et ayant égard à toutes les circonstances qui peuvent diminuer leur force, on trouvera que la superficie de chaque pilier du dôme du Panthéon français, y compris les colonnes engagées qui y tiennent, étant de 131 pieds, s'ils étoient chacun d'un seul bloc, ou qu'ils fussent assez bien construits pour équivaloir à des piliers d'une seule pièce : on trouvera, dis-je, que d'après les expériences faites avec la machine de *Soufflot*, ils seroient assez forts pour porter chacun un poid de... 70,362,720. d'après la machine des Ponts et Chaussées. . 42,821,280. et d'après ma machine.................... 27,329,220. et comme leur charge n'est que de 7,449,980, il en résulte que dans le premier cas, ils seroient près de dix fois plus forts qu'ils ne faut ; dans le second cas, six fois, et dans le troisième, moins de quatre fois.

Mais si l'on a égard à la manière vicieuse dont ces piliers sont construits, on verra qu'on ne peut guères compter que sur le quart de leur superficie ; ainsi, dans le premier cas, le plus grand fardeau qu'ils pourroient porter seroit 17,590,680.

dans le second cas....... 10,705,320.

et dans le troisième...... 6,832,505.

c'est-à-dire, que dans la première hypothèse, les piliers seroient encore deux fois plus forts qu'il ne faut ; dans la seconde, une fois et demi, et dans la troisième qu'ils sont insuffisans ; c'est ce que démontre la triste situation de ces piliers.

Si on est curieux de connoître quelle seroit la superficie qu'il auroit fallu donner à chaque pilier, d'après les résultats

des expériences faites avec les trois machines, on trouvera
que pour soutenir un poids égal au quart du dôme ; c'est-
à-dire, de 7,449,980, il suffiroit, en supposant le pilier
d'une seule pièce, ou que sa construction fût parfaitement
bien faite, qu'il eût 14 pieds de superficie ; dans le second
22 pieds 9 pouces, et dans le troisième 35 pieds 8 pouces
6 lignes, mais pour des constructions telles que sont faites
celles des piliers, il faudroit pour le premier cas au moins
56 pieds ; pour le second 91 pieds 2 pouces, et pour le
troisième 142 pieds 10 pouces, au lieu de 131 pieds.

Il seroit bien à desirer, d'après la différence considérable
qui se trouve entre ces résultats, que l'on pût faire des
expériences, en posant immédiatement le poids sur la pierre,
afin de parvenir à connoître d'une manière moins douteuse,
la véritable charge qu'elle peut soutenir avant de s'écraser.
Je crois que si on pouvoit trouver le moyen de faire que
le poids agisse sans intermédiaire, le résultat pourroit être
moindre que celui de la troisième machine.

Il vaudroit peut-être mieux faire ces expériences avec
un poids constant de 8 à 10 milliers, en variant la superficie
des parallélipipèdes, que d'augmenter successivement le
poids pour chacun, jusqu'à ce qu'il s'écrase, parce qu'à
chaque poids que l'on met, il se fait un espèce de choc
qui augmente son effort, et qui ne peut être évalué.

La superficie des bases des parallélipipèdes à éprouver,
pourroit former une progression arithmétique, dont la
différence seroit $\frac{1}{4}$ de pouce superficiel. Il faudroit de plus
que chaque parallélipipède restât en expérience, au moins
six heures, parce que j'ai éprouvé que des pierres qui
avoient résisté à un certain poids pendant trois heures,
ont fini par s'écraser au bout de 4 à 5, et quelquefois

au bout de 12 heures, ce qui prouve que la durée de la pression doit entrer pour quelque chose dans l'estimation de la charge sous laquelle les pierres s'écrasent.

En appliquant le poids moyen que porteroit un pied superficiel de la pierre du fond de Bagneux, aux 80 pieds de superficie de chaque pilier du dôme, (sur lesquels nous avons dit que se faisoit la plus forte impression de la charge évalué à 45,597,075), il se trouveroit qu'elle est les $\frac{1}{6}$ de celle qui seroit capable d'écraser cette superficie ; mais comme les pierres ne portent pas par-tout également à cause des démaigrissemens et des flâches, on peut dire que cette partie ne seroit pas suffisante pour soutenir cet effort, si elle n'étoit fortifiée par le surplus du pilier auquel elle tient.

Pour connoître la valeur de la résistance qu'oppose la partie inférieure de la tour à l'effort précédent, il faut diviser 45,597,075 par 25 pieds, exprimant la hauteur moyenne du bras du levier, à l'extrémité duquel cette résistance agit, on trouvera qu'elle se réduit à 1,823,883 ; et comme elle se distribue sur une superficie, qui a plus de 600 pieds, on peut dire, sans rien hasarder, qu'elle est cent fois au-dessus de l'effort.

Quant à l'effort nécessaire pour empêcher le quart du dôme de tomber en-dedans, on le trouvera en multipliant son poids total qui est de 8,247,304, par la distance de la direction du centre de gravité de cette masse, à la ligne qui passe par les points d'appuis, autour desquels il tourneroit. Ces points étant les angles saillans des bases des pilastres pliés, cette distance se trouve de 3 pieds, ce qui donne pour le produit de cet effort 24,741,912. La puissance horisontale qui soutient cet effort, étant placée à la hauteur du centre de gravité qui se trouve à 98 pieds 6 pouces au-dessus des points d'appui, elle se réduira à 251,187.

Enfin, pour montrer que cet effort n'est pas assez considérable pour renverser le pilier avec la charge qu'il soutient, il suffit de dire qu'il faudroit, pour cela, un effort égal à 8,247,304, multiplié par 18 $\frac{1}{2}$, et divisé par 98 $\frac{1}{2}$ qui donne 1,528,053; c'est-à-dire, six fois plus grand que celui de la puissance, soutenant la bascule du poids du dôme.

Il nous reste à connoître l'effort de la poussée occasionnée par le poids, dont chaque arcade est chargée, lequel est de 1,789,626; pour cela, il faut d'abord tirer sur la coupe prise sur le milieu des arcs, figure 1.re, planche 2.e les lignes bf, fc, la sécante fo; cela fait, on trouvera le rayon de la circonférence moyenne bkg de 21 pieds; kl de 14 pieds $\frac{4}{7}$, et ik de 6 pieds $\frac{1}{7}$; l'arc kg de 16 pieds $\frac{1}{2}$, et le bras de levier de la poussée de 67 pieds 6 pouces.

A cause de l'isolement des parties de la tour placées entre deux croisées, qui transmettent ce poids sur les arcades, on le prendra tout entier pour celui qui cause la poussée, quoique ce dernier soit inférieur, ce qui donne pour l'effet de la poussée, en ne considérant qu'une demi-arcade,

$$\frac{894,813 \times 14 \frac{4}{7}}{46 \frac{1}{4}} \times 67 \frac{1}{2} = 54,386,032,$$ et pour les deux

demi-arcades de droite et de gauche du pilier 108,772,064 : Considérant ensuite que les directions de ces efforts, qui forment un angle droit, se détruisent en partie, et que leur résultat est égal à la diagonale d'un quarré; dont chacun de ces efforts formeroit les côtés contigus; c'est-à-dire, que le résultat doit être à 108,772,064, comme 7 est à 10, ce qui donne 76,140,445.

II

Il faut ajouter à cet effort celui qu'il faudroit pour tenir le quart du dôme en équilibre, que nous avons trouvé de 24,741,912, ce qui donne pour la somme totale des efforts qui tendent à renverser le piédroit 100,882,357 ; mais comme sa résistance est égale à 8,247,504 × 18 ¼, qui donne 150,513,298 ; il en résulte que la somme de tous les efforts qui tendent à écarter les piédroits du dôme du Panthéon français, n'est que les deux tiers de la résistance qu'ils peuvent leur opposer avec leur charge, aussi ne remarque-t-on dans cet édifice aucun effet qui puisse indiquer un effort à l'extérieur. Il faut de plus observer que dans tous les calculs qui viennent d'être faits, on n'a point compris les arcs-buttans qui augmentent de beaucoup cette résistance.

Péristile extérieur du Dôme.

La colonnade extérieure et les voûtes qui y tiennent avec les grands arcs et les pendentifs qui la soutiennent, forment ensemble un poids de 16,226,224, ce qui fait pour la charge de chacun des quatre angles rentrans des murs extérieurs sur lesquels retombe ce poids 4,056,556. Pour trouver la poussée de chaque partie de ces grands arcs, et des pendentifs qui transmettent ce poids sur les murs extérieurs, il faut les multiplier par la demi-corde, et diviser le produit par la demi-circonférence, ce qui donnera $\frac{4,056,556 \times 47 \frac{17}{24}}{61} = 3,172,648$ pour la somme des efforts qui se réunissent à angle droit; mais comme ils se composent en une seule force sur la diagonale, on aura la valeur de leur effort en multipliant cette somme par 7, et divisant le produit par 10, ce qui donnera 2,220,853.

K

Cette force ou poussée agissant à l'extrémité d'un levier de
52 pieds, produit un effort de 115,485,356 ; mais la résistance de l'angle, formant pan coupé à l'extérieur, jointe
à celles des murs qui y aboutissent, étant de 289,075,800,
se trouve un peu moins du double ; cependant les pans
coupés ont un peu fléchi vers la naissance des grands arcs,
mais il faut observer que dans ce calcul, on suppose que
toutes les parties résistantes ne forment qu'une seule pièce,
tandis quelles sont réellement composées d'une infinité de
morceaux.

Nous allons examiner actuellement, si comme le dit
le citoyen *Patte*, dans son mémoire sur la coupole de
Ste Geneviève ; il est absolument nécessaire de fortifier le
bas de la tour d'un dôme, par des empattemens ou des
corps avancés, afin de la *contreventer,* par la raison qu'il
se trouve plusieurs édifices de ce genre, où l'on a fait usage
de ces procédés.

On observe à ce sujet qu'on a coutume de pratiquer
au-dessus des parties en fondation d'un édifice des empattemens ; c'est-à dire, des retraites autour des murs et points
d'appuis, afin de donner aux parties qui posent sur le terrein
une plus grande superficie, et de diminuer, par ce moyen,
l'affaissement du sol. Mais lorsqu'il s'agit d'établir la tour
d'un dôme sur une maçonnerie en pierre de taille, qui a les
dimensions nécessaires pour supporter le fardeau, on peut
se dispenser de le faire. Quant aux édifices cités par le
citoyen *Patte ;* comme on peut leur opposer d'autres édifices
de ce genre, où l'on n'a pas fait usage de ces moyens, tels
que St André *della valle*, St Charles du Cours et St Luc,
à Rome, etc. On peut dire que le motif qui détermine
les Architectes à pratiquer des empattemens ou des retraites,

est plutôt de varier les plans relativement à la décoration, et de faire pyramider l'édifice , que l'intention de les contreventer.

Cependant comme il est toujours avantageux de diminuer le poids d'un dôme sur pendentif, vu sa position, on peut', et même il est à propos de former des retraites, lorsque les points d'appuis ont plus de superficie qu'il ne faut pour établir le mur de la tour.

La solidité d'un dôme circulaire, élevé sur des arcs et des pendentifs, consiste principalement en ce que toutes les parties qui le composent, tendent au centre, c'est-à-dire à l'axe de la tour; et comme les avants-corps extérieurs peuvent diminuer cet effet, il ne faut en faire usage qu'avec beaucoup de circonspection.

Le savant architecte qui a construit le dôme de Saint-Paul de Londres, a si bien senti la nécessité de diriger les efforts de ce dôme à l'axe, qu'il a fait sa tour conique à l'intérieur, au lieu de la faire cylindrique; et que pour augmenter encore cet effort, il a donné au mur qui forme cette tour, moins d'épaisseur par le bas que par le haut , d'où il résulte un surplomb de cinq pieds, dont on ne trouve d'exemple dans aucun autre édifice.

QUATRIÈME PARTIE.

ARTICLE PREMIER.

État des accidents arrivés aux piliers du Dôme du Panthéon français.

Il paroît par les dégradations qu'ont éprouvés ces piliers, que le plus grand effort du poids s'est porté sur les parties les plus foibles, telles que les colonnes engagées et les pilastres qui forment les piédroits des grandes arcades ; ce sont sur-tout les colonnes qui ont le plus souffert, les fentes, les ruptures, les écrâsemens et les éclats que l'on y voit, sont beaucoup plus considérables que dans les trois grandes faces de ces piliers.

Les premiers effets qui se sont manifestés à ces piliers, datent de 1776, après le décceintrement des quatre arcs et des pendentifs qui les réunissent. Cette première charge qu'ils reçurent montant à plus de huit millions, occasionna quelques éclats de peu d'importance.

Les ouvrages que l'on fit dans le courant des années 1777 et 1778, augmentèrent la charge de six millions, il en résulta de nouveaux éclats, qui furent dénoncés en 1779 par le citoyen *Patte*, dans une lettre écrite à *Linguet*, et imprimée dans le n.° 44, de ses annales politiques. Les plus forts de ces éclats n'avoient pas plus de 3 pouces d'épaisseur, ils s'annonçoient par des fentes inclinées en sens contraire, qui tendoient à se rencontrer. Presque tous ces éclats se trouvoient au droit des calles. Pour obvier à cet effet, *Soufflot* fit employer, pendant plus d'un an, des ouvriers pour ouvrir les joints des paremens avec des scies à grès, et arracher les calles qu'on pourroit appercevoir.

Après la mort de *Soufflot*, arrivée en 1780, le citoyen *Brebion*, Architecte, ayant été chargé de faire continuer les travaux de l'église de Ste Geneviève, sans rien changer an projet de *Soufflot*, fit faire une visite à ces piliers à laquelle il assista : on dressa un état exact de tous les éclats, fentes et ruptures que l'on put appercevoir aux piliers, en les parcourant dans toute leur hauteur : on frappoit les paremens avec un marteau, pour découvrir les éclats qui n'étoient pas sensibles ; voici cet état :

État des éclats, fentes et ruptures des quatre piliers du Dôme en 1780.

Au pilier à droite en entrant à la colonne engagée, formant le piédroit de l'arcade ; au premier tambour au-dessus de la base, cinq fentes, la 1.re presque d'à-plomb à 9 pouces de longueur ; la 2.e n'a qu'un pouce ; la 3.e in-clinée, est dans toute la hauteur du tambour ; les 4.e et 5.e sont à-plomb, commençant du lit de dessus, et se pro-longent jusqu'au tiers de l'épaisseur du tambour ; à la face, entre la colonne précédente et la colonne angulaire, est un seul éclat.

A la colonne angulaire, au deuxième tambour au-dessus de la base, est une fente ou fêlure presque à-plomb, dont la longueur est de 8 pouces.

Au 3.e tambour, une fente inclinée dans toute la hauteur du tambour, une autre fente à-plomb de 6 pouces, partant du lit de dessous, et une autre aussi à-plomb dans l'angle.

Au 4.e tambour, deux fentes à-plomb, une de 5 pouces et l'autre de 9 pouces.

Au 5.e tambour, trois fentes à-plomb dans toute la hauteur du tambour.

Au 6.e tambour, trois fentes *idem*, dont une ne va pas dans toute la hauteur.

Au 7.e tambour, une fente à-plomb de 3 pouces.

Au 8.e tambour, deux fentes qui ne vont qu'à moitié de sa hauteur.

Au 9.e tambour, un petit éclat dans l'angle.

Troisième colonne du côté de la nef méridionale.

Au 1.er tambour, au-dessus de la base, deux fentes inclinées.

Second pilier à droite, entre la nef du fond et la nef méridionale.

Colonne méridionale.

Au 1.er tambour, au-dessus de la base, cinq fentes, dont trois à-plomb et deux inclinées.

Au 2.e tambour, quatre fentes, dont une de 8 pouces, deux dans toute la hauteur du tambour, et l'autre de 3 pouces.

Au 3.e tambour, une fente dans toute sa hauteur.

Au 4.e tambour, deux fentes, dont une inclinée, et l'autre à-plomb de 8 pouces.

Au 5.e tambour, deux fentes inclinées, une dans toute sa hauteur, et l'autre de 7 pouces.

Au 7.e tambour, une fente inclinée de 7 pouces, et deux de 3 pouces.

Au 8.ᵉ tambour, une fente inclinée de 8 pouces, et une autre à-plomb de 6 pouces.

Au 10.ᵉ tambour, deux fentes inclinées, dont une forme un éclat.

Au 11.ᵉ tambour, une fente à-plomb de 7 pouces, et une autre inclinée, qui ne va pas dans toute la hauteur du tambour.

Colonne angulaire.

Au 4.ᵉ tambour, une fente à-plomb de 6 pouces.

Au 5.ᵉ tambour, deux fentes *idem*.

Au 8.ᵉ tambour, trois fentes à-plomb de 4 à 5 pouces, une autre inclinée de 5 pouces.

Au 9.ᵉ tambour, deux fentes à-plomb.

Au 10.ᵉ tambour, une fente de 3 pouces.

Colonne à l'ouverture de la nef du fond.

Au 2.ᵉ tambour, au-dessus de la base, une fente à-plomb.

Au 5.ᵉ tambour, une fente à-plomb, de 5 pouces, partant du lit de dessous.

Au 9.ᵉ tambour, une fente à-plomb.

Au pilastre joignant ladite colonne, à la 3.ᵉ assise au-dessus de la base, une fente.

A la 4.ᵉ et 5.ᵉ assise de la partie du pilastre formant pan coupé, une fente.

Second pilier à gauche, séparant la nef du fond de la nef septentrionale.

A la colonne placée à l'entrée de cette dernière nef.

Au 7.ᵉ tambour, au-dessus de la base, une fente presque imperceptible.

A la face, entre les colonnes du côté de ladite nef, quatre éclats.

Colonne angulaire.

Au 1.er tambour, au-dessus de la base, une fente inclinée de 8 pouces.

Au 2.e tambour, une fente à-plomb de 6 pouces.

Au 3.e tambour, une fente à-plomb de 3 pouces.

Au 4.e un éclat.

Au 7.e un éclat.

Au 8.e, une fente inclinée de 8 pouces et un éclat.

A la face du côté de la nef du fond.

Six éclats à 6 pouces de long sur 1 pouce et demi d'épaisseur.

A la 19.e assise un épaufrure dans l'angle joignant la colonne précédente.

Colonne à l'entrée de la nef du fond.

Au 4.e tambour, un petit éclat et une fente à-plomb de 6 pouces.

Au 5.e tambour, deux éclats.

Pilier à gauche en entrant, séparant la nef d'entrée et la nef septentrionale.

Colonne formant l'entrée de cette dernière.

Au 3.e tambour, une fente à-plomb de 6 pouces, et une autre inclinée de 5 pouces.

Au 7.e tambour, une fente inclinée de 9 pouces, et une autre de 3 pouces.

Au 8.e tambour, un éclat et une fente de 3 pouces.

Au

Au 8.ᵉ tambour, un éclat et une fente de 3 pouces.

Au 9.ᵉ tambour, une fente de 9 pouces.

Au 10.ᵉ, un éclat et une fente de 9 pouces.

Au 11.ᵉ, deux fentes de 9 pouces.

Colonne formant l'ouverture de la nef d'entrée.

Au 1.ᵉʳ tambour, au-dessus de la base, une fente.

Au 2.ᵉ tambour, deux fentes inclinées.

Au 4.ᵉ, une fente à plomb de 4 pouces.

Au 8.ᵉ, un éclat de 6 pouces, sur 1 pouce et demi d'épaisseur.

Colonne angulaire.

Au 9.ᵉ tambour, deux fentes presque imperceptibles de 3 pouces.

Au 11.ᵉ, une fente inclinée de 4 pouces.

A la face intérieure de ce dernier pilier, une fente dans le pli du pilastre.

Dans le second pilier à gauche, dans le pilastre plié à la deuxième assise au-dessus de la base, une fente.

A la cinquième assise dans le pli, une fente de 6 pouces.

Au pilier à droite en entrant, à la face intérieure, une fente presque imperceptible, dans le pli du pilastre.

On a reconnu que toutes les fentes inclinées indiquoient des éclats qui n'étoient pas détachés, et ne paroissoient pas avoir beaucoup d'épaisseur.

Les premiers incrustemens faits pour supprimer les pierres éclatées, ont eu lieu dans les faces et les colonnes engagées des piliers du côté de la nef d'entrée, sur la fin de 1788, lorsqu'on voulut finir les ragrémens de cette première nef pour en faire jouir le public ; à cette occasion,

L

il fut remis dans la face du pilier à droite cinq morceaux, et sept dans la colonne engagée, formant le piédroit de l'arcade du dôme du même côté.

Dans le pilier à gauche, il fut remis quatre morceaux dans la face entre les colonnes, et six morceaux dans la colonne placée vis-à-vis de la précédente.

Dans le courant des années 1789, 90 et 91, on a fait de semblables incrustemens dans tous les piliers : savoir; à la colonne engagée du pilier à droite en entrant, formant un des piédroits de l'arcade, du côté de la nef méridionale, depuis la base jusqu'au 26.ᵉ tambour, il a été rapporté 53 morceaux.

Dans la colonne vis-à-vis, engagée dans le second pilier à droite, il a été remis depuis le socle jusqu'au 13.ᵉ tambour, 55 morceaux.

Dans la colonne d'angle du même pilier, depuis le 2.ᵉ tambour au-dessus de la base jusqu'au 15.ᵉ, on a remis 51 morceaux.

A la colonne ensuite, formant le piédroit de l'arcade de la nef du fond, depuis le socle jusques et compris la trente-quatrième assise portant l'astragale, on a remis 74 morceaux.

A la colonne vis-à-vis, engagée dans le pilier ensuite, qui est le second à gauche, depuis le dessus de la base jusqu'au 12.ᵉ tambour, on a rapporté 48 morceaux.

A la colonne angulaire du même pilier, depuis le 1.ᵉʳ tambour, au-dessus de la base jusqu'au 15.ᵉ, on a remis 15 morceaux.

A la colonne ensuite, placée à l'ouverture de la nef septentrionale, depuis la base jusqu'au 14.ᵉ tambour, 67 morceaux.

Dans la colonne vis-à-vis, engagée dans le premier pilier à gauche en entrant, depuis le socle jusques et compris le 34.ᵉ tambour, formant astragale, il a été incrusté 79 morceaux.

A la colonne angulaire, depuis la base jusqu'au 21.ᵉ tambour, 43 morceaux.

A la colonne engagée, formant le côté gauche de l'arcade du côté de l'entrée, depuis le bas du socle jusqu'à la 30.ᵉ assise ou tambour, 50 morceaux.

Dans la face du second pilier à droite du côté de la nef méridionale, depuis le socle de la demi-base jusqu'à la dixième assise, il a été remis 22 morceaux.

Dans la face du même pilier du côté de la nef du fond, depuis le socle de la demi-base jusqu'à la vingtième assise, 72 morceaux.

Dans la face du pilier, ensuite du même côté, depuis la première assise, au-dessus de la demi-base jusqu'à la quinzième, 52 morceaux.

Dans la face, en retour du même pilier de la nef septentrionale, depuis la demi-base jusqu'à la vingtième assise, 42 morceaux.

Dans le pilier ensuite, qui est le premier à gauche en entrant, la face du même côté que la précédente, depuis l'assise de la demi-base jusqu'à la douzième assise, 29 morceaux.

Dans la face en retour, du côté de la nef d'entrée, depuis le dessus de la demi-base jusqu'à la quinzième assise, 45 morceaux.

Au pilastre plié, joignant la colonne engagée, formant ensemble un des piédroits de l'arcade du côté de la nef septentrionale, depuis le socle jusqu'à la dix-huitième assise, remis 49 morceaux.

Au pilastre du pilier ensuite, attenant la colonne qui forme l'autre piédroit de l'arcade, depuis le socle jusqu'à la dix-huitième assise, 53 morceaux.

Dans le pan coupé du même pilier, qui est le second à gauche en entrant, depuis le dessus de la base jusqu'à la treizième assise, rapporté 35 morceaux. Dans le courant de l'an IIIe, on a rapporté plusieurs morceaux au-dessus de l'imposte.

La face intérieure du premier pilier à gauche, a été réparée de même pendant l'hiver de l'an IIIe, on y a incrusté la même quantité de morceaux.

La face intérieure du premier pilier à droite, formant aussi pan coupé, a été restaurée dans le même temps jusqu'à la hauteur de l'imposte, il y a été remis environ 40 morceaux.

La même face du second pilier à droite, a été aussi reprise dans presque toute sa hauteur. L'épaisseur de presque tous ces morceaux rapportés, est depuis 6 pouces jusqu'à 10 pouces, il s'en trouve cependant quelques-uns qui ont 15 à 18 pouces.

État actuel des piliers du Dôme du Panthéon français.

Le nombre des fentes, des ruptures, des éclats et des écrâsemens, tant masqués en plâtre qu'apparens, est si considérable, que l'on se bornera à citer les principaux. Il suffit, pour en donner une idée, de dire qu'à un seul de ces piliers, on a compté 367 ruptures ou fentes, dont 138 forment lézardes; 283 éclats, 64 écrâsemens masqués en plâtre , 54 désunions de joints montans , et 344 morceaux rapportés , dont 37 remis deux fois.

Premier pilier à gauche en entrant.

A la colonne engagée, formant un des piédroits de l'arcade, il s'est fait un écrâsement considérable, maçonné en moëlons et plâtre, depuis le quatrième tambour, au-dessus de la base jusqu'au quinzième. La profondeur de ces ruptures, est depuis 7 pouces jusqu'à 1 pied, d'après la déclaration des ouvriers qui les ont bouchées. Cette colonne est désunie du pilier par une lézarde verticale, dans les angles qu'elle forme avec la face du pilier.

A la face, entre les deux colonnes, il s'est fait dans le milieu une principale lézarde, qui prend naissance à la douzième assise au-dessus des bases, et qui se continue jusque sous l'architrave ; sa plus grande largeur est de 3 lignes, elle se divise en plusieurs branches, de droite et de gauche ; à 20 pouces environ de chaque colonne, on voit deux autres lézardes verticales, qui s'étendent dans les deux tiers de la hauteur.

La colonne angulaire est beaucoup moins fatiguée que la précédente, on n'y remarque que quelques fentes verticales dans le fond des cannelures ; mais il est bon d'observer qu'elle a été restaurée deux fois.

Dans la face du même pilier, du côté de la nef septentrionale, il se trouve une forte lézarde dans le milieu qui commence à la hauteur de l'imposte, et qui se continue jusque sous l'architrave ; sa plus grande largeur est de 5 lignes ; elle forme deux branches principales à la réunion desquelles on apperçoit qu'il se fait un écrâsement indiqué par un bouclement très-sensible. A environ 21 pouces de

la colonne d'angle, il s'est fait une lézarde verticale, comme
dans la face précédente. Entre les principales lézardes,
on compte 5 ruptures, et quelques désunions de joints
montans ; on ne parle point des éclats et des fentes de
moindre importance.

A la colonne ensuite, formant avec le pilastre un des
piédroits de l'arcade, du côté de la nef septentrionale, les
fentes verticales les plus considérables et les écrâsemens
se trouvent depuis la base jusqu'à la quinzième assise ;
on y voit plusieurs morceaux nouvellement rapportés ;
dans le haut se trouvent d'autres fentes verticales de peu
d'importance.

A la face intérieure, formant pan coupé, il se trouve
une lézarde dans le pli du pilastre, à droite, qui commence
environ à la hauteur de l'imposte, et se prolonge jusqu'au-
dessus de l'astragale : on voit aussi des désunions dans les
angles rentrans de la saillie des pilastres sur la face du
milieu.

Il se trouve plusieurs ruptures dans les faces des pilastres
qui se raccordent avec les colonnes, les unes sont verticales
et les autres sont inclinées.

Le s cornes des tailloirs des chapiteaux, sont presque
toutes désunies du corps par des ruptures. Les bases des
colonnes et des pilastres, ont été rapportées en partie ; on
y voit encore quelques petites fentes.

Les parties d'entablement qui se raccordent avec ce pilier,
du côté des nefs d'entrée et septentrionale, sont désunies
par de fortes lézardes, qui se prolongent dans toute sa
hauteur ; la désunion, par le bas, paroît être de 12 à 15
lignes, elle s'est fait sentir dans l'acrotère au-dessus ; les

balustres du milieu sont écrasés en partie, et les tablettes au-dessus sont rompues.

Les jouées des lunettes des tribunes sont désunies par des lézardes qui se continuent dans les voûtes de ces tribunes.

La cause de ces désunions et de ces lézardes, vient de ce que le pilier du dôme a baissé de 39 lignes $\frac{1}{4}$, tandis que la colonne isolée qui soutient l'angle saillant de la tribune, ne s'est affaissée que de 9 lignes $\frac{1}{4}$, ce qui fait que l'entablement a une pente de 2 pouces 6 lignes.

Du côté de la nef septentrionale, la pente de l'entablement est de 2 pouces 7 lignes.

Second pilier à gauche en entrant.

A la colonne engagée, placée à l'entrée de la nef septentrionale, il s'est fait des lézardes et des écrâsemens, depuis le 12.ᵉ tambour au-dessus de la base, jusques et compris le 34.ᵉ, formant astragale. Cette colonne est extrêmement fatiguée ; les lézardes qui se multiplient par le haut sont très-profondes, le bouclement est considérable, les $\frac{3}{4}$ du pourtour sont masqués en plâtre, qui se fend en plusieurs endroits ; le chapiteau au-dessus est en très-mauvais état, fendu et lézardé de tous côtés.

A la face du côté de la nef septentrionale, comprise entre la colonne précédente et la colonne angulaire, dans le bas, il se trouve plusieurs éclats à douze des morceaux qui ont déja été remis deux fois ; deux fentes principales joignant la colonne angulaire, forment lézarde depuis la 22.ᵉ assise jusqu'au milieu de la 36.ᵉ, avec plusieurs éclats, fentes, ruptures et désunions de joints montans, et de la colonne ci-devant détaillée avec le massif.

Au-dessus de l'astragale, deux autres lézardes dans le milieu qui s'étendent jusques sous l'architrave.

Colonne angulaire.

Les dégradations se manifestent depuis la base jusqu'au 3o.^e tambour, quoiqu'elles aient été masquées en plâtre : on y remarque encore plusieurs fentes considérables formant lézardes, qui paroissent pénétrer jusqu'au centre, et en outre beaucoup d'éclats et de ruptures. Les cornes du chapiteau sont rompues ; ils se trouve plusieurs autres ruptures dans les feuilles et volute : en général cette colonne est fort maltraitée.

A la face comprise, entre la colonne précédente et celle formant le piédroit de l'arcade, du côté de la nef du fond, toute la partie inférieure a été refaite, et 9 morceaux remis deux fois ; une désunion avec fente, rupture et éclat le long de la colonne d'angle, depuis la base jusqu'à la 15.e assise ; et depuis la 24.e jusqu'à la 34.e ; une désunion dans le milieu avec une fente ou rupture, qui se divise en deux branches, depuis la 3o.^e assise jusqu'à la 36.^e

Désunion le long de l'autre colonne, depuis la 14.e assise jusqu'à la 2o.^e, plusieurs éclats et ruptures dans le surplus de la face.

Colonne formant le piédroit à gauche de l'arcade, du côté de la nef du fond.

Cette colonne est une de celles qui ont le plus souffert ; les ruptures, les lézardes et les écràsemens qui s'y sont faits, vont dans toute la hauteur de la colonne. Une queue d'aronde qu'on avoit placé en travers d'une des plus fortes lézardes, s'est brisée en trois morceaux, ce qui prouve que

ces

ces dégradations continuent à faire des progrès qui peuvent devenir dangéreux ; le chapiteau au‑dessus est brisé de toutes parts, plusieurs parties sont prêtes à se détacher, et l'on y voit des lézardes qui pénètrent fort avant dans le corps du chapiteau.

Face intérieure formant pan coupé, et pilastres joignant les colonnes.

LES parties de pilastre joignant les colonnes engagées, sont celles qui sont les plus dégradées ; on y remarque une grande quantité de ruptures, d'éclats et de désunions le long de la saillie des pilastres, sur la face du pan coupé, et d'autres dans le pli des pilastres. Ces effets sont plus considérables par le haut. Du côté de la nef du fond, la partie supérieure du pilastre se détache en pyramide renversée, depuis l'astragale jusqu'à trois assises au‑dessous.

Les chapiteaux de ces pilastres sont en aussi mauvais état que ceux des colonnes ; les cornes des tailloirs sont détachées par des ruptures ; plusieurs parties de volutes de caulicoles sont rompues ; le fleuron est divisé en deux parties par une rupture verticale ; une des parties de cette rupture se trouve actuellement 3 lignes plus basse que l'autre, ce qui prouve que les parties brisées et désunies par des fentes, cèdent sous le fardeau.

La face du pan coupé, entre les pilastres, n'a pas beaucoup souffert depuis sa restauration ; il ne s'y trouve que quelques éclats et fentes de peu d'importance ; cependant dans la partie supérieure, entre l'astragale et le dessous de l'architrave, on remarque quelques fentes qui tendent à former des lézardes.

Ce pilier est celui qui a le plus baissé ; on a reconnu,

par des nivellemens faits en différens temps, qu'il s'étoit
affaissé de 5 pouces 2 lignes $\frac{1}{2}$; la colonne isolée qui soutient
l'angle saillant de la tribune à gauche, sur la nef du fond,
ne s'étant comprimée que de 8 lignes $\frac{1}{2}$, il en résulte une
pente de 4 pouces $\frac{1}{2}$ à la partie d'entablement, qui va de
cette colonne à celle adhérente au pilier, dont il vient
d'être question ; c'est ce qui a occasionné les lézardes,
les ruptures et les désunions considérables que l'on voit
dans les parties de cet entablement et dans les architraves,
plafonds, lunettes et voûtes de cette tribune.

Du côté de la nef septentrionale, la différence de niveau
entre la colonne isolée, qui soutient l'angle saillant de la
tribune, et la colonne engagée tenant au pilier, se trouve
de 4 pouces 7 lignes ; il en est résulté les mêmes accidens
dans les parties d'entablement, de voûtes, lunettes, plafonds et plates-bandes.

Troisième pilier entre la nef du fond et la nef méridionale.

A la colonne soutenant une partie de l'arcade du fond,
les plus fortes dégradations se trouvent vers le 7.ᵉ et 8.ᵉ
tambour, on y voit des fentes verticales formant lézardes,
des éclats et des écrâsemens masqués en plâtre, comme
aux précédentes. Le chapiteau est lézardé en tous sens,
et a de fortes profondeurs. Les cornes des tailloirs menacent
ruine, plusieurs parties de feuilles, de volutes et de caulicoles sont tombées, la partie d'entablement qui répond
à ce chapiteau, est détachée du reste de la masse par de
fortes lézardes, et menace ruine.

La face ensuite de cette colonne, du côté de la nef du
fond, a été restaurée une seconde fois, malgré cela, il s'y

manifeste de nouvelles lézardes verticales, dont une est à environ 20 pouces de la colonne précédente, une autre dans le milieu, à partir de l'imposte, et différentes ruptures et éclats.

La colonne d'angle, à la suite de cette face, est la plus maltraitée de toutes; les fortes dégradations commencent au-dessus de la base, et se continuent jusqu'au 26.ᵉ tambour: on y remarque, outre les écrâsemens bouchés en plâtre, quatre fortes lézardes verticales, la plus grande a 18 lignes de largeur, la seconde 15 lignes, la troisième 12 lignes, et la quatrième 7 lignes; toutes ces parties menacent ruine et sont prêtes à tomber; le papier qu'on avoit colé sur la seconde lézarde s'est déchiré, et les parties séparées se trouvent éloignées de près de 3 lignes: ces lézardes paroissent aller jusqu'au centre de la colonne : on ne parle point des fentes, ruptures et éclats de moindre importance qui s'y trouvent.

Le chapiteau est presque en aussi mauvais état que celui de la colonne précédente.

A la face ensuite du côté de la nef méridionale, outre les fentes, ruptures et éclats ordinaires, on y remarque quatre lézardes, qui commencent à 3 ou 4 pieds au-dessous de l'imposte, et qui se prolongent jusqu'en haut, ainsi que plusieurs désunions de joints ; cette face a été restaurée deux fois.

A la colonne ensuite, formant un des côtés de l'arcade sur la nef méridionale, les fortes dégradations commencent au-dessus de la base jusqu'au 17.ᵉ tambour, elles sont masquées en plâtre; outre cela, il s'y trouve cinq lézardes verticales qui se prolongent dans presque toute la hauteur, mais leur largeur est moins considérable que celles de la colonne précédente, le chapiteau est aussi en mauvais état, on y voit des ruptures, des fentes et des lézardes.

Face intérieure et pilastres.

Il se manifeste dans ces pilastres des ruptures, des fentes, des désunions et des lézardes à peu-près comme dans les pilastres du deuxième pilier, et trois lézardes principales dans la partie de face entre les pilastres. Les chapiteaux ne sont pas aussi maltraités que ceux du deuxième pilier.

Ce pilier a baissé de 4 pouces 7 lignes ½ ; il est de 4 pouces 3 lignes plus bas que la colonne isolée, qui soutient l'angle de la tribune de la nef méridionale, et de 4 pouces 2 lignes au-dessous de la colonne isolée, soutenant l'angle de la tribune de la nef du fond ; les dégradations causées par cette différence de niveau sont plus fortes dans les parties d'entablement, plates-bandes, plafonds et voûtes de la tribune de la nef du fond, que dans celles de la nef méridionale.

Quatrième pilier entre la nef méridionale et la nef d'entrée.

A la colonne portant l'arcade du côté de la nef d'entrée, les plus fortes dégradations se sont manifestées depuis la base jusqu'au 14.ᵉ tambour ; elles sont toutes masquées en plâtre ; les écrasemens alloient à 7 à 8 pouces de profondeur, mais les lézardes s'enfonçoient plus loin. Dans la partie supérieure, on y voit des ruptures et des fentes de moindre conséquence. Le chapiteau n'est pas aussi maltraité que les autres.

Dans la face du côté de l'entrée, comprise entre la colonne précédente et celle angulaire, on remarque trois principales lézardes, à partir de l'imposte, jusqu'au-dessus de l'architrave et quelques désunions ; outre les éclats et ruptures de moindre conséquence qui se trouvent dans la partie inférieure, toutes ces dégradations sont peu apparentes, parce qu'elles ont été bouchées en plâtre.

Il existe deux trous dans cette face, dont un a été fait pour un incrustement qui n'a pas eu lieu, et l'autre pour s'assurer de la manière dont l'intérieur du pilier est cons-truit ; ce dernier, qui a 2 pieds 4 pouces 6 lignes de profondeur, 16 pouces 6 lignes de large, sur le devant, et 10 pouces 3 lignes de hauteur, qui est celle de l'assise dans laquelle il se trouve, fait voir que les joints de lit ont 3 lignes ½ sur le devant, et 6 à 7 lignes sur le derrière, et que les joints de la pierre du fond qui forme le noyau, sont inégaux ; celui du haut ayant 6 lignes et celui du bas 12 lignes : on voit encore que les morceaux rapportés autour du trou, ont depuis 10 pouces jusqu'à 14 pouces d'épaisseur.

A la colonne angulaire, les plus fortes dégradations se trouvent depuis le 4.ᵉ tambour jusqu'au 17.ᵉ ; on a reconnu par une partie d'écrâsement, qu'on a fait tomber, que les fentes et ruptures s'étendoient jusqu'à 11 pouces de pro-fondeur ; cette colonne nouvellement rétablie en plâtre, n'offre actuellement que quelques fentes et ruptures de peu d'importance dans le haut ; le chapiteau est en assez bon état.

Dans la face ensuite, du côté de la nef méridionale, on voit dans la partie supérieure deux principales lézardes qui commencent au-dessus de l'imposte, et se prolongent jusques vers l'architrave ; il s'y trouve quelques désunions de joints montans, des éclats et des ruptures, dont la plupart ont été bouchés en plâtre.

On a fait deux trous dans cette face, pour connoître la construction intérieure, le premier dans le milieu des 2.ᵉ et 3.ᵉ assises, et l'autre dans le milieu de la 20.ᵒ

Le trou inférieur qui comprend deux assises à 15 pouces 3 lignes de largeur sur le devant, et 20 pouces 2 lignes de hauteur, sa profondeur est de 27 pouces pour l'assise du bas, et 3 pieds pour celle du haut. Les joints de lit ont en parement de 3 lignes ÷ à 4 lignes, et à l'extérieur, de 6 à 24 lignes : on y voit beaucoup de flaches et de défectuosités dans les pierres ; il se trouve une fente dans la pierre supérieure du noyau, et une autre dans celle formant le dessus du trou, qui la traverse en diagonale. Les pierres rapportées autour de ce trou, ont de 6 à 11 pouces d'épaisseur.

Le trou supérieur a été fait au-dessous de l'imposte, dans une partie d'assise où il n'y a pas eu de pierres rapportées, sa largeur au parement est de 16 pouces 6 lignes, et sa hauteur de 11 pouces 6 lignes ; la profondeur est de 30 pouces. Les joints de lit ont en parement de 2 à 3 lignes d'épaisseur, et dans le fond, de 6 à 16 lignes : on y voit les mêmes flaches et défectuosités que dans le trou du bas. Les pierres formant le dessus et le dessous du trou, sont fendues dans toute leur longueur, ainsi que la pierre à gauche, la fente est à 17 pouces du parement, auquel elle est parallèle.

A la colonne attenante à cette face, et formant le piédroit de l'arcade du côté de la nef méridionale, les fortes dégradations commencent au-dessus de la base, et se prolongent jusqu'au 15.ᵉ tambour ; quoiqu'elles soient masquées en plâtre, on y voit, comme dans les autres, des lézardes verticales, des écrâsemens, des ruptures, et un gonflement assez considérable aux endroits où se trouvent les plus grandes lézardes et les plus forts écrâsemens. Les autres fentes et ruptures qui sont au-dessus, sont moins considérables ; le chapiteau est lézardé dans la hauteur du tailloir.

Face intérieure formant pan coupé et pilastres en raccordement avec les colonnes engagées.

On remarque dans cette face deux principales lézardes qui commencent à la hauteur de la 20.ᵉ assise, et se terminent vers la 30.ᵉ, il se trouve encore des lézardes et des désunions dans le pli des pilastres, et dans l'angle de la saillie qu'ils forment sur le milieu du pan coupé ; il y a aussi quelques fentes, ruptures, et éclats de peu d'importance. Les chapiteaux des pilastres ne paroissent pas avoir beaucoup souffert.

On a fait aussi un trou dans le milieu de la 23.ᵉ assise de cette face, dont les pierres n'ont pas été rapportées ; la largeur de ce trou est de 14 pouces ½, sa hauteur de 11 pouces ½, et sa profondeur de 31 pouces ; il en résulte que les joints de lit, qui ont en parement entre une ligne et demi et deux lignes, se trouvent avoir à l'intérieur, depuis 5 lignes jusqu'à 18 lignes, il y a deux fentes dans les pierres qui forment le dessous du trou, deux autres dans celle du dessus ; une autre fente dans la pierre du fond et une dans la pierre à droite. On voit dans l'intérieur de ce trou, des flaches et des défectuosités, comme dans les autres ; il se trouve même dans le fond un remplissage qui n'est formé qu'avec un moëllon brut.

En prenant un terme moyen entre toutes les épaisseurs

des joints intérieurs et extérieurs de ces quatre trous, il en résulte que l'épaisseur moyenne des joints de l'intérieur est de 9 lignes ¼ , et celle des joints de l'extérieur de 3 lignes.

Ce dernier pilier a baissé ds 3 pouces 4 lignes; il est de 2 pouces 11 lignes plus bas que la colonne isolée qui soutient l'angle saillant de la tribune de la nef méridionale répondant à ce pilier, et de 2 pouces 10 lignes ¼ plus bas que la colonne isolée de la tribune du côté de la nef d'entrée; les désunions qu'occasionnent ces différences de niveau, ont produit les mêmes effets dans les voûtes, plafonds et plates-bandes, ainsi que dans les entablemens et balustrades au-dessus ; cependant on observe qu'elles sont un peu moins considérable que dans les parties attenantes aux autres piliers : on observe encore qu'à l'époque du 16 ventose, ce pilier étoit le plus maltraité, et qu'actuellement ce sont les deux du fond qui se trouvent les plus malades, parce que depuis cette époque; c'est sur ces deux piliers que le fardeau s'est porté avec plus de force, et que l'accroissement des dégradations a été le plus sensible, ce sont aussi ceux qui ont le plus baissé sous la charge ; la différence moyenne avec les deux autres du côté de l'entrée est de 21 lignes.

Au reste , on n'apperçoit aucun effet dans les parties supérieures du dôme qui indique qu'il ait souffert de l'affaissement occasionné par la foiblesse et la mauvaise construction de ses points d'appuis.

On a visité aussi les parties souterraines au droit des piliers et les parties environnantes, on n'y a rien découvert, de sorte que les parties au-dessus et au-dessous des piliers se trouvent dans le meilleur état possible.

ARTICLE

Article II.

Causes des dégradations qui se manifestent aux piliers du Dôme du Panthéon français.

CES causes sont 1.º, la méthode vicieuse que l'on a suivie en construisant ces piliers, qui consistoit à démaigrir le lit des pierres jusqu'à 4 à 5 pouces près de leurs paremens, et à les poser sur des calles; ensorte que ces pierres sont plus minces sur le derrière de 8 à 9 lignes que sur le devant; le peu de soin que l'on a pris à les équarrir, fait qu'il se trouve à l'intérieur, des flaches et des joints considérables. Les trous faits dans un de ces piliers, ont fait connoître qu'il se trouve de ces joints qui ont jusqu'à 24 lignes de largeur, et des flaches de 4 à 5 pouces, et même des remplissages formés par des moëllons bruts. On voit qu'on ne s'est occupé que des faces apparentes, qui présentoient à l'extérieur une construction soignée, tandis que l'intérieur étoit mal fait.

Afin de contenter les paremens et de remédier aux irrégularités des lits et aux flaches des pierres, on a été obligé d'échafauder, pour ainsi dire, chaque pierre sur des calles de différentes épaisseurs; ensuite on introduisoit par-dessous du mortier, par l'opération du fichage; de sorte que le mortier venant à diminuer de volume par l'évaporation de l'humide, il s'est trouvé plusieurs endroits où le dessous des pierres ne touchoit plus le mortier, et qu'elles ne portoient plus que sur les calles. En faisant des incrustemens dans un des piliers, on a trouvé un endroit où le vide étoit si considérable, qu'il y est entré plusieurs sceaux de coulis, composé de mortier clair, dans lequel on avoit

N

mêlé du plâtre, afin que le gonflement de l'un put suppléer à la retraite de l'autre.

Le fichage des pierres est un procédé extrêmement vicieux qui devroit être proscrit dans la construction des grands édifices. Ce procédé n'a pu être imaginé que par des ouvriers intéressés, plus jaloux de faire beaucoup d'ouvrage que de le bien faire, parce qu'il les dispense de dégauchir les lits, et d'équarrir les pierres comme elles devroient l'être, en y suppléant par des calles plus ou moins fortes : ce procédé, suivi pour la construction des piliers du Panthéon français, a été cause que toute la charge du dôme s'est portée d'abord sur les endroits où étoient les calles, et principalement sur celles placées près des paremens. Ces dernières étant les plus minces, ont été les moins compressibles, c'est pourquoi il s'est manifesté des éclats aux paremens dès que les piliers ont été chargés du poids des arcades et des pendentifs que nous avons déjà dit être de huit millions; tous ces premiers éclats s'étant fait au droit des calles, on fit arracher toutes celles qu'on pouvoit appercevoir; outre cette précaution, on fit ouvrir à 7 ou 8 pouces de profondeur, deux joints horisontaux qui faisoient le tour de chaque pilier; l'un étoit au-dessus de l'imposte, et l'autre au droit de l'astragale : on avoit le soin de scioter ces joints à mesure que le tassement s'opéroit, cette opération, en facilitant le raprochement du milieu, augmentoit la superficie portante. C'est par le moyen de toutes ces précautions que les piliers ont résisté pendant la construction du dôme, non-seulement à son poids, mais à celui des ceintres de charpente, et des échafauds considérables que cette construction a exigé.

La seconde cause des dégradations de ces piliers peut-être

attribuée aux changemens et aux suppressions qu'exigeoit la nouvelle destination de cet édifice, et sur-tout à la précipitation avec laquelle les ragrémens ont été faits. Les coups redoublés d'une quantité considérable de tailleurs de pierre employés dans ces derniers temps à cette opération pendant quatre ans, augmentoient l'action du fardeau sur les parties inférieures, en ébranlant continuellement la masse. J'ai remarqué que cet effet devenoit plus considérable, à mesure que les ragrémens se faisoient plus bas ; de sorte que les dégradations que l'on voit actuellement aux piliers, ne se sont manifestées d'une manière aussi dangereuse, que depuis que l'on a travaillé aux ragrémens des pendentifs et à la suppression des grandes saillies destinées à encadrer les bas reliefs qu'on devoit y placer, et depuis le bouchement des joints horisontaux que j'avois fait ouvrir autour des piliers, et enfin depuis les derniers incrustemens qu'on a fait dans ces piliers.

La troisième cause qui a contribué aux accidents de ces piliers, et sur-tout des colonnes qui y sont adhérentes, est la disposition de la tour du dôme au-dessus des grandes arcades qui la soutiennent en partie : on a déjà remarqué à ce sujet que chacune de ces arcades est composée de deux arcs concentriques, dont l'un répondant aux pilastres qui forment l'extrémité des piliers du dôme, a 2 pieds 8 pouces 9 lignes d'épaisseur apparente, et l'autre répondant aux colonnes engagées qui tiennent à ces pilastres, a 2 pieds 9 pouces 6 lignes, ce qui fait pour l'épaisseur entière de l'arcade, 5 pieds 6 pouces 3 lignes ; mais que les piédroits du premier arc sont fortifiés dans toute leur étendue, par le massif des piliers dont ils font partie, au lieu que les colonnes engagées sur lesquelles retombe l'autre arc, ne

correspondent à ces massifs que sur une largeur de 11 pouces,
d'où il resulte, derrière ces colonnes, un porte-à-faux
de 22 pouces ½, racheté par des encorbellemens.

On a déjà remarqué que la décoration intérieure ayant
exigé que le bas de la tour du dôme eut 6 pieds 7 pouces,
au lieu de 5 pieds 6 pouces 3 lignes que forment les deux
arcs ; on avoit completté le surplus de cette épaisseur par
quatre autres encorbellemens, dont le dernier forme l'assise
circulaire de l'érigement de cette tour, de manière que vers
le milieu des arcades, l'extérieur du mur de la tour, se
trouve à 2 pieds 10 pouces au-delà du nud des piliers entre
les colonnes, et que ce sont les colonnes engagées qui
soutiennent tout le poids de cette espèce de porte-à-faux.
Les plans 3, 4 et 5 de la planche première, et la coupe
sur la largeur de la planche deuxième, font voir cette
disposition.

Quant aux dégradations survenues aux colonnes angulaires
marquées 13 sur le premier plan de ladite planche, la sur-
charge qui les a occasionnées, vient de ce qu'elles soutiennent
une partie de la colonnade extérieure, et des grands pendentifs entre les arcs en chaînette, qui ont un peu baissé.

ARTICLE TROISIÈME.

*Moyens proposés pour réparer les dégradations
arrivées aux piliers du Dôme du Panthéon
français.*

LES Commissaires-Architectes, Ingénieurs et Mathé-
maticiens, nommés par le Ministre de l'Intérieur, pour
examiner l'état des dégradations de ces piliers, conviennent

tous, que la principale cause des accidens qui s'y sont
manifestés, est la manière vicieuse dont ils ont été construits, en démaigrissant les joints de lit des pierres et en
les posant sur calles. On convient encore que l'ébranlement
causé par les suppressions, les incrustemens et les ragrémens y a contribué; plusieurs y ajoutent le vice des porte-
à-faux; ils pensent que c'est cette disposition qui est la
cause de ce que les colonnes engagées sont en plus mauvais
état que le massif des piliers auquel elles sont adhérentes;
ils observent de plus que dans tous les édifices de ce genre,
les arcs et les parties des piliers qui les soutiennent, ont
plus d'épaisseur que le bas de la tour des dômes érigés
dessus, de manière que ces tours, au lieu d'être en porte-
à-faux, sont en retraite. Pour rendre cette observation plus
sensible, on a dessiné en parallèle, sur une même échelle,
un quart du plan des dômes de Saint-Pierre de Rome, de
Saint-Paul de Londres, des Invalides et du Panthéon
français, en distinguant par des teintes différentes les piliers,
le dessus des arcs et l'érigement de la tour de chacun de ces
dômes. Voyez la planche 5.ᵉ

Quelques-uns des Membres de cette Commission pensent
qu'il y a péril, vu le progrès des dégradations qui annon-
cent, non des affaissemens de joints, mais des écrâsemens
dans les colonnes engagées et les parties foibles des piliers,
sur-tout dans les deux du fond où les progrès sont les plus
sensibles; ils croyent, que vu l'état de ces piliers et leur
mauvaise construction, ils sont insuffisans pour soutenir
le dôme. D'autres pensent que ces piliers ne risquent tout
au plus que de baisser de quelques pouces ; tous conviennent cependant de la nécessité de venir au secours de
ce monument.

Les Architectes composant le Conseil des bâtimens civils, consultés les premiers par le Ministre de l'Intérieur, ont été d'avis que la première chose à faire, étoit de soulager les colonnes et les parties foibles des piliers, en soutenant une partie du fardeau sous lequel elles s'écrâsent, par de forts ceintres en charpente, composés de faisceaux de pièces de bois debout, reliées de 3 pieds en 3 pieds par des moises ; ensuite de fortifier ces piliers par des revêtemens de 2 pieds ½ d'épaisseur, construits en pierre de taille de la meilleure qualité, posées sans calles ni démaigrissement.

Voyez la pl. 4.^e

Les ceintres étoient ordonnés, quant à la sollicitation des citoyens *Soufflot* neveu et *Poncet*, entrepreneur de maçonnerie de ce monument, le Ministre de l'Intérieur ordonna une seconde visite par les mêmes Architectes, et les Inspecteurs généraux des Ponts et Chaussées. Le résultat de cette seconde visite fut un rapport de ces derniers, dans lequel, en convenant des principales causes des dégradations survenues à ces piliers, ils proposent, pour y remédier, de construire quatre forts arcs-buttans placés au-dessous de ceux déjà construits ; ces arcs embrasseroient, par le moyen de leurs branches circulaires, d'une part le derrière des piliers du dôme au-dessus des tribunes, et de l'autre l'angle opposé, formé par la réunion des murs extérieurs de l'édifice. Les pierres qui formeroient ces branches seroient incrustées, tant dans le derrière des piliers, que dans les angles opposés, au-dessous de la naissance des grands arcs en chaînette, qui soutiennent la colonnade extérieure. Par les desseins qu'ils ont joint à leur rapport, il paroît que l'élévation du ceintre de ces arcs-buttans, représentés par les figures de la planche 7.e seroit de 12 pieds.

Cette idée de soutenir le dôme par des arcs-buttans,

vient du citoyen *Gauthey*, un des Inspecteurs généraux
des Ponts et Chaussées ; il avoit déjà proposé quelque
chose de semblable dans un mémoire qu'il publia en 1771,
sur l'application des principes de méchanique à la construction des voûtes et des dômes, où il est question de la
coupole de Ste Geneviève. Après avoir prouvé que les piliers
critiqués par *Patte*, étoient suffisans pour soutenir le dôme
que *Soufflot* avoit alors intention d'exécuter ; le citoyen
Gauthey prétend qu'il seroit possible de le construire même
sans ces piliers, en distribuant son poids sur toutes les
parties de l'édifice, par le moyen de plusieurs arcs-buttans,
de contre-fiches en pierre et de plattes-bandes rampantes.

Les Inspecteurs généraux des Ponts et Chaussées, en
approuvant le projet de leur collègue, prétendent, dans
leur rapport, *que les revétemens proposés par les Architectes sont insufisans et nuisibles à la décoration ;* ils
critiquent les ceintres et en font une comparaison inexacte
avec ceux du Pont de Neuilly : enfin, ils finissent par dire
qu'ils sont inutiles, et que le seul moyen de venir au secours
des piliers, est de construire les quatre arcs-buttans du
citoyen *Gauthey*.

Ce rapport ayant été communiqué aux Architectes,
après l'avoir bien examiné, ils observèrent 1.º que les arcs-
buttans proposés par les Inspecteurs généraux des Ponts
et Chaussées, leur paroissoient plus propres à pousser qu'à
porter, à cause du peu d'élévation de la courbe de leur
ceintre, qui se termine presque horisontalement contre
les piliers, et que comme il ne se manifeste aucun effort
latéral, ces arcs-buttans ne feroient qu'augmenter inuti-
lement une charge déjà trop considérable pour les points
d'appui. 2.º Que les entailles qu'il faudroit pratiquer, tant

dans les piliers du dôme, déjà si fatigués, que dans les angles opposés chargés du poids des arcs-buttans exécutés; de celui des grands arcs en chaînette, des pendentifs qu'ils renferment, et enfin de tout le poids de la colonnade extérieure, seroient capables de causer la ruine de l'édifice entier, il suffit de voir pour s'en convaincre, les figures 1 et 2 de la planche 3.ᵉ, et de dire que ce seroit à l'endroit marqué 51 que devroient se faire une partie de ces entailles.

3.º Que quant on supposeroit que ces arcs-buttans eussent été construits en même temps que les parties de l'édifice avec lesquelles ils doivent se raccorder, au lieu d'être adapté après coup et par incrustement, l'effort qu'ils auroient à soutenir, seroit si grand, qu'ils feroient briser les pierres dont ils seroient formés, si les buttées étoient assez considérables pour y résister, ce qu'ils ne pensent pas, vu que ces buttées ont déjà un peu fléchi sous un effort beaucoup moins considérable.

Pour faire valoir l'efficacité des moyens qu'ils proposent, les Ingénieurs font cette comparaison ; « qu'on ima-
» gine, disent-ils, un modèle du dôme du Panthéon
» réduit à 15 pieds de diamètre; c'est-à-dire, au quart
» du diamètre de celui qui est exécuté, ou de la grandeur
» d'une chambre ordinaire, l'on conçoit aisément qu'il
» seroit aisé de soutenir cet édifice par quatre étais per-
» pendiculaires, et que si ces étais n'étoient pas assez forts,
» le meilleur moyen de les décharger, seroit d'y ajouter
» quatre autres étais inclinés pour supporter les panaches ;
» ce que l'on propose ici, disent-ils, est la même chose,
» en supposant les étais soixante-quatre fois plus forts ,
　　　　　　　　　　　　　　　　　　　　　　» puisque

» puisque le dôme du Panthéon, pèse soixante-quatre
» fois plus que ne pèseroit ce modèle ».

Les Architectes observent que le meilleur moyen de
venir au secours des étais perpendiculaires ou verticaux
qui soutiendroient ce modèle, qui pèseroit 500 milliers,
seroit d'y ajouter plutôt quatre autres étais verticaux que
quatre étais inclinés; et que dans le cas où il y auroit
impossibilité de venir au secours des premiers étais, au-
trement que par des étais inclinés, il ne faudroit pas que
leur inclinaison eût plus du tiers de leur hauteur, tandis
que l'inclinaison des arcs-buttans proposés, est une fois
et demie plus grande que l'élévation du ceintre : or, il est
évident que des étais aussi inclinés ne seroient pas d'un
grand soulagement pour les étais verticaux; d'ailleurs, il
est essentiel de faire attention que le principal avantage
des étais inclinés, est d'être formé par des bois d'une seule
pièce, tandis que les constructions en pierre qui pourroient
les représenter, telles que les arcs rempans, et les plates-
bandes inclinées ne peuvent s'exécuter qu'avec un grand
nombre de pierres sujettes à se désunir; il faudroit donc,
pour que la comparaison fut exacte, scier ces étais en
plusieurs morceaux : or, il est facile de voir que dans cet
état, bien loin de pouvoir venir au secours des étais perpendiculaires, ils auroient besoin eux-mêmes d'être soutenus.
La comparaison des Ingénieurs ne peut avoir lieu que pour
un étai d'à-plomb, placé immediatement sous le fardeau,
parce qu'alors les assises du pilier de pierre qui pourroit
le représenter, se trouveroient réunies par la direction du
fardeau, de manière à ne former qu'un seul tout, comme
l'étai, et auroit de plus l'avantage d'être moins compres-
sible : dans toute autre situation, la direction du fardeau

ne peut tendre qu'à désunir les parties dont il seroit formé, et ne produiroit jamais l'effet d'un étai d'une seule pièce. Il résulte donc de cette comparaison, que les constructions proposées par les Architectes, sont préférables à tous égards, à celles proposées par les Inspecteurs généraux des Ponts et Chaussées. D'ailleurs, leur exécution n'est sujette à aucun des inconvéniens des arcs-buttans ; elles viennent efficacement au secours des piliers, sans occasionner aucun effort de poussée, et sans affoiblir, par des entailles, aucunes des parties qui avoisinent le dôme, ni causer aucun ébranlement dangereux ; tandis que la construction des arcs-buttans dans des galeries en plafond, outre les inconvéniens dont nous avons parlé, seroit extrêmement difficile et dangereuse. En supposant même que ces nouveaux arcs-buttans puissent s'exécuter sans danger, et avec toutes les précautions indiquées dans le rapport des Ingénieurs, ils ne tendroient qu'à soutenir les angles extérieurs des piliers du dôme, et ne viendroient pas au secours des parties foibles et des colonnes engagées, formant les piédroits des arcades, qui sont les plus chargées et les plus maltraitées, ni des porte-à-faux capables de causer eux seuls la ruine de l'édifice, indépendamment de la foiblesse des piliers et des vices de leur construction.

Quant à l'objection faite dans le rapport des Inspecteurs généraux : « portant qu'il n'est pas possible de faire contre » ces piliers de nouvelles constructions qui puissent servir » à les consolider avec un peu d'efficacité, sans ôter la » régularité de l'ensemble, et sans gâter la belle ordonnance » qui règne dans cet édifice, et que l'on n'arrêteroit pas » encore totalement l'effet du tassement, parce que ces » moyens ne pourroient s'employer qu'au pourtour des

» piliers, tandis que le vice est dans l'intérieur où il n'est
» pas aisé de porter remède ».

Les Architectes répondent à la première partie, en faisant
voir qu'il y a une infinité de moyens de décorer les constructions proposées par les Architectes, de manière à ne
point regretter les colonnes engagées et les pilastres pliés
qu'on seroit obligé de supprimer : on pourroit même
conserver les colonnes engagées, en disposant ces constructions, comme le citoyen *Brongniart,* l'un des Architectes-
Commissaires, l'a fait dans deux dessins ; d'ailleurs cette   Planches 9 et 10.
décoration pourroit être le sujet d'un Programme proposé
aux Architectes.

Quant à la seconde partie de l'objection des Ingénieurs,
elle est plus applicable aux moyens qu'ils proposent, qu'à
ceux des Architectes ; car il est évident que les arcs-buttans
ne pourroient soutenir le dôme, de manière à s'opposer au
tàssement dont il doit être encore susceptible, qu'en agissant
au pourtour des piliers, par le moyen des branches qui
les embrasseroient, qui ne sont que des constructions
appliquées ; et comme ils ne peuvent agir qu'en poussant
presque horisontalement, on ne voit pas comment, par
cet action, ils pourroient remédier aux vices intérieurs
des piliers. De plus, comme l'effort de ces arcs-buttans,
se dirigeroit dans le vide des arcs, il seroit plus propre
à causer leur désunion, qu'à soutenir les parties supérieures, ce qui occasionneroit un tàssement irrégulier,
plus dangereux que celui qui peut se faire à-peu-près
uniformément. Au lieu que les constructions proposées
par les Architectes qui ajoutent plus de 50 pieds de superficie à chaque pilier, en bonne pierres de taille, posées
sans calles ni démaigrissement, sont capables de porter

elles seules le poids entier du dôme, de l'aveu même des Inspecteurs généraux qui pensent que 18 pieds superficiels suffiroient pour chaque pilier. Et si l'on consulte les expériences faites sur la force des pierres, on verra que pour de semblables constructions, les résultats les moins favorables, ne donnent que 35 pieds 8 pouces 6 lignes.

Quant à l'intérieur des piliers, comme le poids du dôme est supporté par les arcs et les pendentifs, ainsi qu'on peut le voir par les différens plans et coupes des planches 1.re et 2.e Il est certain que ce sont les parties qui répondent immédiatement à ces constructions qui portent tout ; c'est-à-dire, la face intérieure et les pilastres joignant les colonnes engagées, qui forment ensemble le piédroit des arcs ; desorte que le milieu pourroit être vide, si le pourtour avoit les dimensions nécessaires pour supporter solidement le fardeau ; et comme les pendentifs sont soutenus en grande partie par les arcs, il en résulte que la partie de ces piliers qui correspond à ces arcs, et qui a besoin d'être la plus forte, se trouve malheureusement la plus foible, et celle qui a le plus besoin d'être secourue.

Relativement aux ceintres proposés par les Architectes, représentés par les figures 1, 2, 3 de la planche 4.e, et que les Ingénieurs trouvent insufisans pour soutenir la moitié du dôme, parce que, disent-ils, « ils seroient encore » trois ou quatre fois plus chargés que les ceintres du Pont » de Neuilly, dont les bois s'étoient cependant fendus » à leur abouts, et s'étoient assez refoulés pour faire descendre » les voûtes de plusieurs pouces, quoiqu'il entre dans leur » composition plus de deux mille pieds cubes de bois, tandis » que ceux proposés par les Architectes, ne contiennent » que mille pieds cubes ».

Ils répondent à cette objection, en observant que les voûtes qui forment les arches du Pont de Neuilly, dont une moitié est représentée par la figure 4, de la 4.e planche, ont chacune 120 pieds de diamètre, sur 45 pieds de largeur, produisant, seulement pour les parties soutenues par le ceintre avant la pose de la clé, 47,006 pieds $\frac{1}{7}$ cubes, qui à raison de 155 livres chaque, produisoit un poids de 7,000,131, dont les ceintres portoient plus des deux tiers, d'après la théorie établie par *Couplet* et *Pitot*, dans les Mémoires de l'Académie des Sciences de 1726 et 1729; ainsi, les ceintres du Pont de Neuilly, à l'instant où l'on a posé la clé, se trouvoient chargés d'un poids de 5,170,587.

Le poids du dôme, à compter de la naissance des arcades, est 21,731,909, ce qui fait pour la moitié 10,865,654, et comme il doit y avoir quatre ceintres, chacun ne porteroit que 2,716,448; c'est-à-dire, un peu plus de la moitié de la charge que portoit chaque ceintre du Pont de Neuilly, et non pas trois ou quatre fois plus, comme il est dit dans le rapport des Inspecteurs généraux.

Quant à la force des ceintres, tous les bons constructeurs savent qu'elle dépend plus de la combinaison des pièces de bois dont ils sont formés, que du nombre de pieds cubes qu'elles produisent, desorte qu'il peut se faire qu'un ceintre qui ne contiendroit pas mille pieds cubes de bois, fut plus fort qu'un autre qui en comprendroit deux mille; cependant il est bon de dire que les ceintres proposés pour le Panthéon, devoient contenir chacun 1500 pieds cubes; il faut considérer de plus que les ceintres du Pont de Neuilly avoient 120 pieds de diamètre, tandis que ceux du Panthéon ne devoient avoir que 38 à 40 pieds, et qu'à combinaison égale, il devoient être trois fois plus forts que ceux du Pont de

Neuilly, parce que la force du ceintre augmente, au moins en raison inverse de leur diamètre; il faut encore considérer, que les ceintres du Pont de Neuilly étoient surbaissés, tandis que ceux du Panthéon doivent être plein ceintre.

Relativement à la combinaison de ces ceintres, ceux du Pont de Neuilly étoient composés de pièces de bois isolées, formant des poligones inscrits, reliés par des moises, et sans entrait, ce qui les rendoit susceptibles de changer de forme sous la charge; de plus, les formes étoient à 7 pieds $\frac{1}{2}$ de distance l'une de l'autre, au lieu que les ceintres proposés pour le Panthéon devaient être faits de plusieurs fermes jointives, composées de pièces de bois formant poligones, et posées en liaison les unes à côté des autres, sans intervalles, reliées par de fortes moises avec un triple entrait, de manière à s'écraser plutôt que de fléchir sous le poids.

Ces ceintres devoient être soutenus par des piédroits, composés chacun d'un faisceau de pièces de bois debout de 30 pieds de superficie, reliés de 3 pieds en 3 pieds avec des moises, et susceptibles de porter chacun, sans s'écraser ni se refouler, un poids de 5,184,000, et pour les deux piédroits que portent chaque ceintre 10,368,000 ; et comme la charge de chaque ceintre, en supposant qu'ils portent ensemble la moitié du poids de la partie du dôme qui se trouve au-dessus, ne seroit que de 2,716,448, il en résulte que les piédroits seroient près de quatre fois plus forts qu'il ne faut, pour soutenir ce poids, et deux fois plus forts que n'exigeroient le poids du dôme entier.

Ce calcul est fondé sur plusieurs expériences faites avec beaucoup d'exactitude pour parvenir à connoître la charge que peut porter le bois de chêne avant de se rompre, en raison de sa hauteur et de sa base.

Le résultat de ces expériences a été, que des morceaux de bois cubiques, depuis 6 lignes jusqu'à 15, ont soutenu, moyennément 102 livres par ligne superficielle, et que lorsqu'on morceau de bois a plus de hauteur que sa base n'a de diamètre, sa force diminue en raison du rapport de la diagonale de sa base avec sa hauteur, si elle est quarrée ou rectangulaire : nous allons citer en preuve quelques-unes de ces expériences.

Une tringle de bois de chêne d'un pied de haut sur 6 lignes en quarré de grosseur; c'est-à-dire 36 lignes de superficie de base, posée d'à-plomb, selon la direction de ses fibres, a porté avant de se rompre.... 230 livres.

Une autre, idem..... 223.

Une troisième........ 232.

Ce qui donne pour poids moyen........ 228 $\frac{1}{3}$.

Une autre tringle de même grosseur, qui avoit 2 pieds de haut, posée de même, s'est rompue sous un poids de................................ 115 livres

Une seconde......... 118.

Une troisième....... 121.

Poids moyen...................... 118.

Trois autres tringles de même grosseur, et de 3 pieds de haut, se sont rompues, la première sous un poids de................................ 70 livres.

la seconde a porté.... 69 $\frac{1}{2}$.

et la troisième...... 74.

ce qui donne 72 $\frac{1}{2}$ pour poids moyen.

Afin d'appliquer la règle que paroît indiquer ces expériences aux tringles dont il vient d'être question, il faut
multiplier la superficie de leur base, qui est de 36 lignes
par 102, ce qui donnera 3672 : on multipliera ce produit
par la diagonale, et on le divisera par la hauteur de la
tringle ; le résultat de l'opération indiquera le plus grand
poids que pourroit porter chaque tringle : ainsi, pour les
tringles d'un pied de hauteur, on aura $\frac{3672 \times 8\frac{1}{2}}{144}$ qui
donne 216$\frac{1}{2}$; pour les tringles de 2 pieds de hauteur $\frac{3672 \times 8\frac{1}{2}}{288}$
qui donne 108$\frac{1}{2}$, et pour celles de 3 pieds $\frac{3672 \times 8\frac{1}{2}}{432}$ qui
donne 72$\frac{1}{4}$. En comparant les résulats moyens que donne
l'expérience avec ceux trouvés par le calcul, on verra que
les premiers étant 228$\frac{1}{2}$, 118, 72$\frac{1}{3}$, la règle donne 216$\frac{1}{2}$;
108$\frac{3}{8}$, 72$\frac{1}{4}$; il n'est guères possible de trouver une règle
qui s'accorde mieux avec l'expérience.

Application aux piédroits des ceintres.

UN cube en bois de chêne, d'un pied sur tous sens,
posé debout selon la direction de ses fibres, étant dans le
cas de porter, d'après les expériences citées, un poids
de 2,111,072 avant de s'écrâser ; une surface de 5o pieds
sur même hauteur, ne céderoit qu'à un effort de 63,452,16o.
En multipliant cette quantité par la diagonale de la base,
qui est de 10 pieds, et divisant le produit par 54, qui
exprime la hauteur du piédroit, à partir des massifs en
pierre de taille, sur lesquels ils devoient être érigés, on
trouvera que pour écrâser chacun de ces piédroits, il faudroit
un poids de 11,750,400, au lieu de 5,184,000 que nous
avons

avons ci-devant compté, en prenant moins de moitié de ce
que donne la régle.

En suivant cette même règle, on a trouvé que la force
de chaque ceintre posé sur ces piédroits, en ne prenant
de même que la moitié de l'effort qui seroit susceptible de
les écrâser, seroit de plus de 16 millions; c'est-à-dire,
triple de la charge de la partie supérieure du dôme que
ce ceintre seroit dans le cas de soutenir, si on vouloit
reconstruire les piliers en entier.

CONCLUSION.

La solidité qu'exige un édifice tel que le Panthéon
français, ne doit avoir rien de douteux; ce n'est pas une
existence précaire qu'il faut lui procurer, mais une stabilité
et une durée proportionnée à l'importance de ce monument,
qui fait autant d'honneur aux arts qu'à la nation; il seroit
honteux pour les artistes et pour le gouvernement, de
laisser périr un édifice qui a coûté près de 40 ans de travail,
et douze à quinze millions de dépense.

Les expériences imparfaites sur lesquelles on se fonde
pour faire croire que cet édifice ne court aucun danger,
peuvent lui être funestes; et quand même elles seroient
assez sûres pour qu'on y puisse compter, il y a un principe
dans l'art de bâtir, auquel on ne peut pas déroger impu-
nément; ce principe est que la vraie solidité ne consiste
pas uniquement dans la stricte étendue des surfaces por-
tantes, il faut de plus que les dimensions soient telles,
qu'elles assurent aux points d'appuis une certaine stabilité.
Il suffit, pour s'en convaincre, d'appliquer le résultat de
ces expériences aux édifices les plus hardis, tels que le
Pont de Neuilly, on trouvera que les piles de ce Pont,

P

au lieu de 13 pieds d'épaisseur, ne devroient avoir qu'environ 4 pouces, et qu'on ne pourroit donner aux murs d'une maison de cinq étages que 3 lignes $\frac{1}{2}$ d'épaisseur, tandis qu'on voit tous les jours des jambes étrières de maisons beaucoup moins élevées, qu'on est obligé de renouveler, parce qu'elles cèdent sous le fardeau, quoiqu'elles aient 15 à 18 pouces d'épaisseur.

On a cherché à tourner en ridicule les Architectes qui ont voulu mettre en avant ce grand principe, on leur a fait dire que le dôme alloit tomber subitement ; et quand on a vu qu'il ne l'étoit pas au bout de 7 ou 8 mois, on en a conclu qu'ils ne se connoissoient pas aussi bien en construction que les Ingénieurs des Ponts et Chaussées, parce que ces derniers sont accoutumés à construire de grandes arches et de grosses culées qui sont sujettes à de grands effets. Mais on n'a pas fait attention qu'il y a une différence considérable entre de gros ouvrages, qui à peine sortent de terre, et des constructions évidées de toutes parts, qui s'élèvent à plus de 250 pieds de hauteur, et que les masses qui forment les Ponts peuvent, par leur position et leur grandeur, résister à des efforts infiniment plus considérables que les édifices du genre du Panthéon français.

Les Architectes n'ont jamais pensé que le dôme du Panthéon français fût dans le cas de s'écrouler subitement, mais ils ont cru qu'il ne falloit pas attendre que les progrès des accidens qui se manifestent aujourd'hui très lentement, fussent parvenus au point de le détacher tout-à-fait des parties environnantes, de manière à rendre les restaurations et les raccordemens impraticables.

Les Artistes qui ont des connoissances dans l'art de bâtir, pourront juger, d'après tout ce qui a été dit dans ce

Mémoire sur le mécanisme de la construction de ce dôme, et l'état où se trouvent les piliers qui le soutiennent, s'il est possible de rétablir les parties foibles de ces piliers qui sont les plus maltraitées, sans soutenir les parties supérieures par des ceintres ou des moyens équivalens, afin de pouvoir substituer aux pierres qui s'écrâsent sous le fardeau, non des placages, mais des constructions solides et durables.

———————

*Explication relative aux deux dernières planches,
par le citoyen* BRONGNIART, *Architecte, l'un
des Artistes de la Commission nommée par le
Ministre de l'Intérieur.*

LES Ingénieurs des Ponts et Chaussées , en réfutant
les moyens proposés par les Architectes, pour fortifier
les quatre piliers qui portent l'intérieur du dôme , ont dit
qu'ils sont *insuffisans ,* et qu'ils *nuisent à la décoration.*

Le citoyen Rondelet a répondu dans son Mémoire à ce
qui est relatif à la solidité *suffisante* qu'apporteroient ces
revêtemens ; j'y ajoute encore de nouveaux renforts en forme
d'obélisque dans l'intérieur du dôme , pour avoir plus que
le nécessaire. Mais une des principales raisons qui pourroit
faire repousser ces moyens , est fondée sur la crainte de
voir apporter la moindre altération dans l'ordonnance de
l'architecture intérieure de cet édifice, conçu par *J. G.
Soufflot ,* il y a quarante ans.

Il faut donc indiquer comment ces renforts indispen -
sables à la sûreté du dôme , pourroient être décorés sans
déranger l'ordonnance générale de l'architecture intérieure,
et en rendre compte par des dessins exacts. Peut - être
trouvera - t - on que ces renforts, ainsi décorés , feront
disparoître ce que *J. G. Soufflot* regarderoit aujourd'hui
comme un défaut, et même caractériseront mieux la destination actuelle de ce monument. C'est ce que j'ai tenté,
sans me flatter d'y avoir réussi , mais j'aurai du moins

donné à des Artistes plus habiles, l'indication de ce qui
pourroient être mieux.

L'édifice du Panthéon étoit primitivement destiné à usage
d'église patronale sous l'invocation de Ste Geneviève. Dans
ce temps, suivant les plans et dessins gravés de *J. G.
Soufflot*, il devoit y avoir autour des quatre piliers du dôme
des Autels suivant le rit catholique, surmontés de décorations analogues à ce culte. Il faut nécessairement y
substituer quelqu'autre chose aujourd'hui.

La Nation a consacré ce monument à la mémoire des
hommes qui ont illustré et illustreront la Patrie ; tout doit
répondre à cette idée de l'apothéose des Grands-hommes.
Ainsi, lorsque les constructeurs auront appuyés les trois
faces des quatre piliers, par des pierres solides et de haut
appareil, reliées avec les anciennes, ces piliers plus que
suffisans pour porter le poids de ce dôme, ne s'écràseront
plus sous l'effort, comme ils font depuis vingt ans. Il ne
s'agira plus que de revêtir ces solides constructions en dalles
de marbre, de granit, ou de porphyre, sur lesquelles seront
gravés les emblêmes et notices des hommes qui ont mérités
cet honneur.

Les décorations placées entre les colonnes qui seront
refaites sur le dessin exact de *J. G. Soufflot,* en pierre
dure d'un ton pareil à celui des autres colonnes de ce
monument, ne dérangeront rien de l'ordonnance de son
architecture, car il devoit mettre une décoration quelconque
entre ces colonnes.

A l'égard des pans coupés de l'intérieur du dôme qui
sont surchargés d'angles et de pilastres ployés ; tous les
vrais Architectes, jusqu'aux élèves mêmes, savent aujourd'hui, que ce genre de décoration en pilastres, est

proscrit de la bonne architecture. Et *Soufflot*, auquel on doit peut-être la renaissance de cette architecture en France, qui a imaginé un plan et un édifice au-dessus de tout ce qui avoit été fait depuis la colonnade du Louvre, seroit le premier à désirer que ces pilastres disparussent, et avec d'autant plus de raison, qu'il ne s'en trouve que là. C'est pourquoi je pense que les constructions en pierres solides, qui viendront soutenir verticalement une partie de l'intérieur du dôme, pourroient être revêtues de dalles de marbre, granit ou porphyre, qui, sous la forme d'obélisques, ornés d'emblèmes et d'inscriptions, formeroient dans ce temple une décoration analogue à sa nouvelle destination. Les dessins en disent plus en un clin-d'œil, que tout ce qu'on pourroit décrire ; ainsi voyez la planche 9 et 10, avec leur explication.

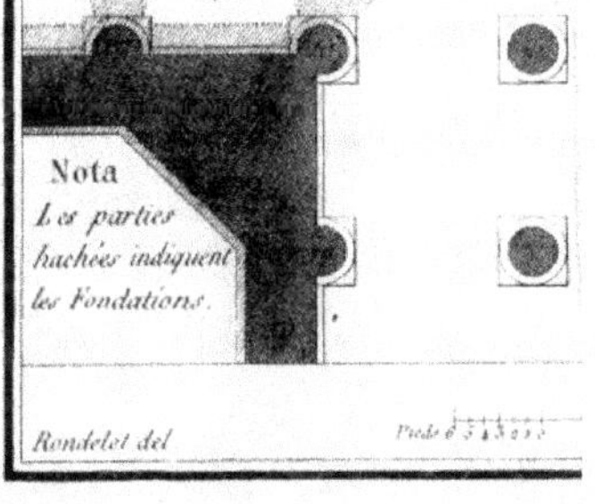

Nota
Les parties hachées indiquent les Fondations.
Rondelet del
Pieds

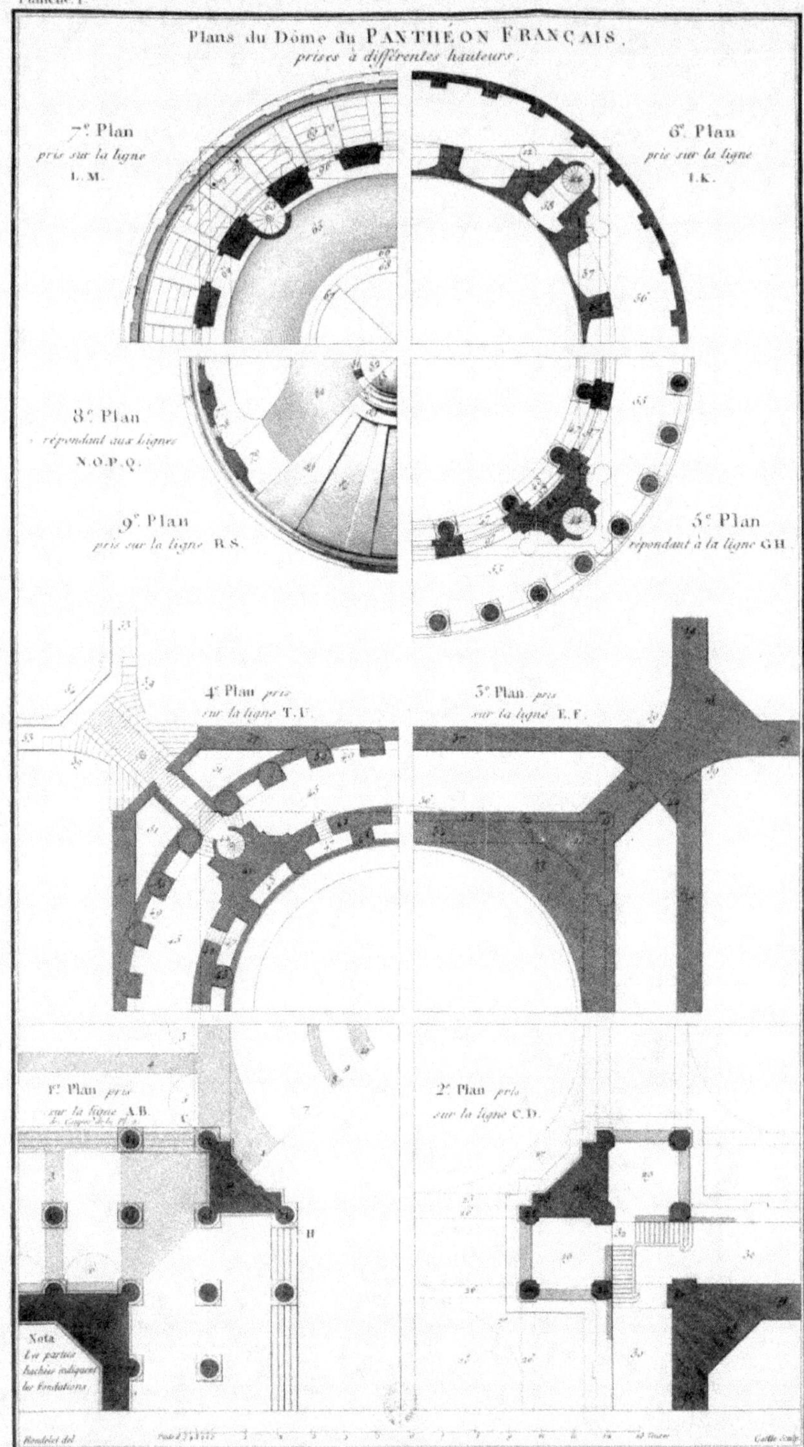
Plans du Dôme du PANTHÉON FRANÇAIS,
prises à différentes hauteurs.

7ᵉ. Plan
pris sur la ligne
L. M.

6ᵉ. Plan
pris sur la ligne
I. K.

8ᵉ. Plan
répondant aux lignes
N. O. P. Q.

9ᵉ. Plan
pris sur la ligne R. S.

5ᵉ. Plan
répondant à la ligne G. H.

4ᵉ. Plan pris
sur la ligne T. V.

3ᵉ. Plan pris
sur la ligne E. F.

1ᵉ. Plan pris
sur la ligne A. B.

2ᵉ. Plan pris
sur la ligne C. D.

Nota.
Les parties
hachées indiquent
les fondations

Rondelet del.

Coffe Sculp.

DOME DU

Coupe prise sur le milieu
des Arcs.

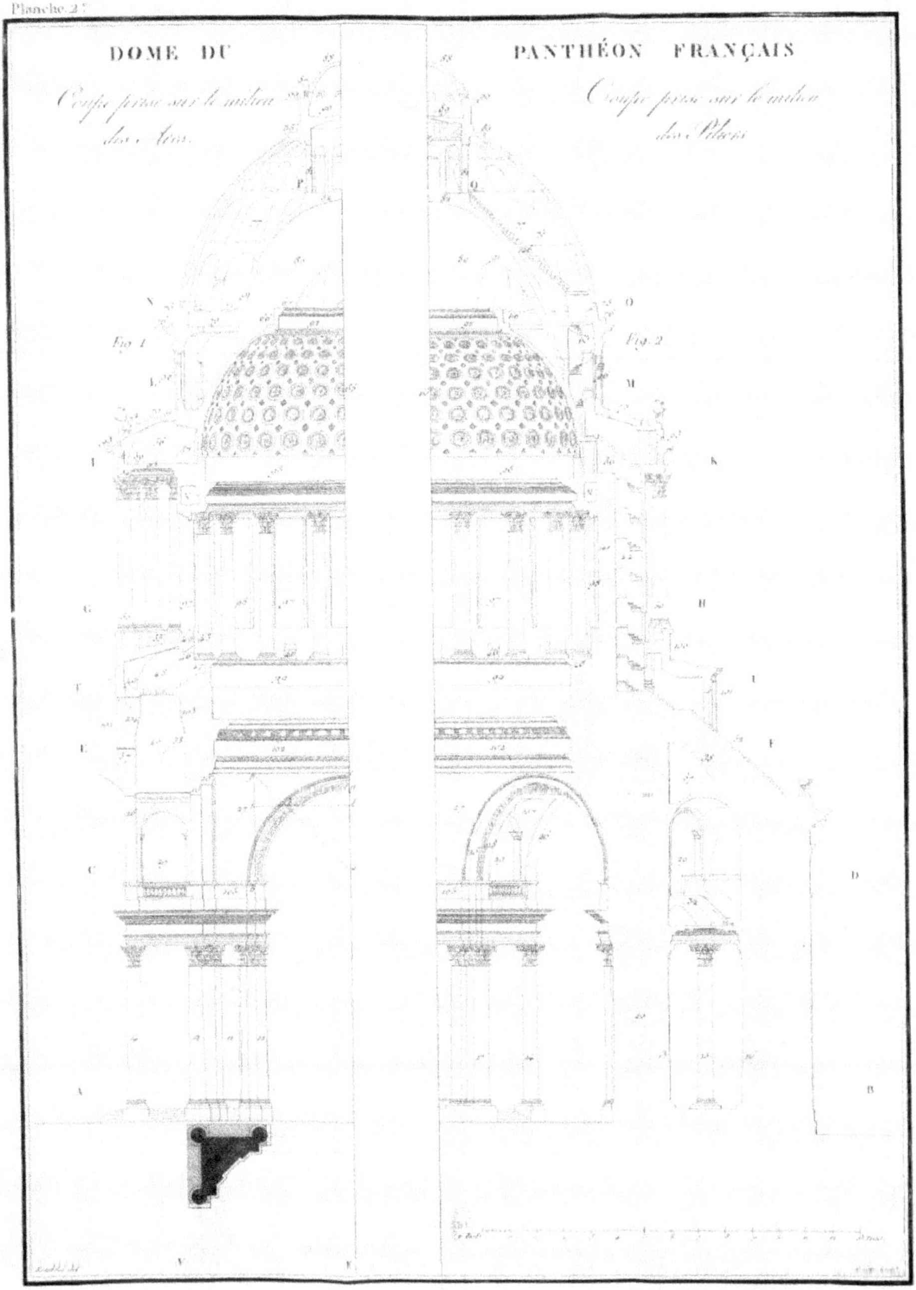

PANTHÉON FRANÇAIS

Coupe prise sur le milieu
des Piliers.

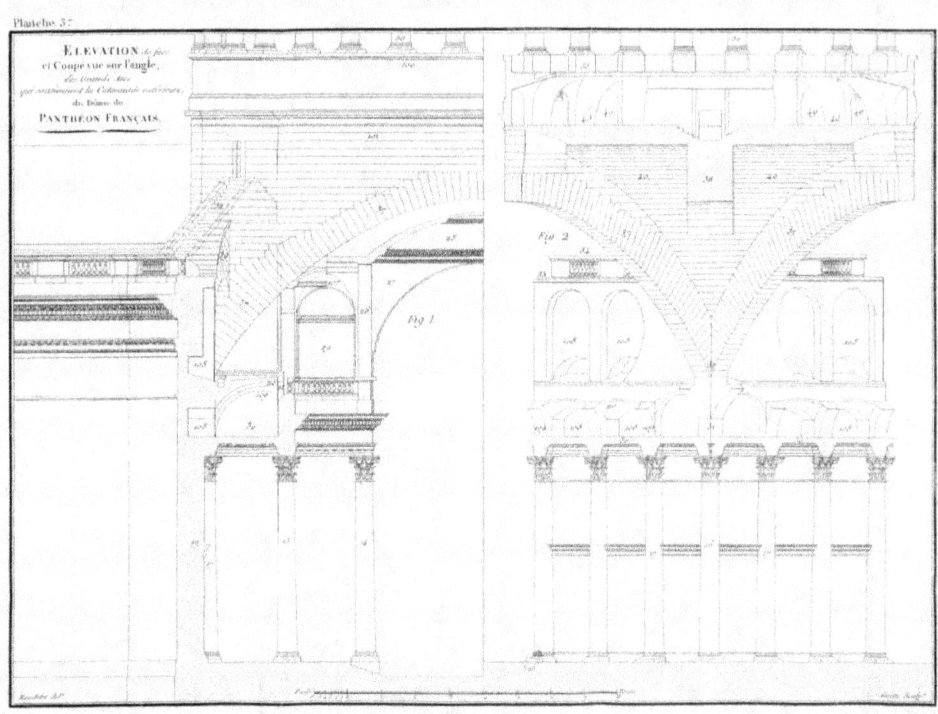
ELEVATION de face
et Coupe vue sur l'angle,
des Grands Arcs
qui soutiennent la Colonnade extérieure,
du Dôme du
PANTHÉON FRANÇAIS.
Fig 1
Fig 2

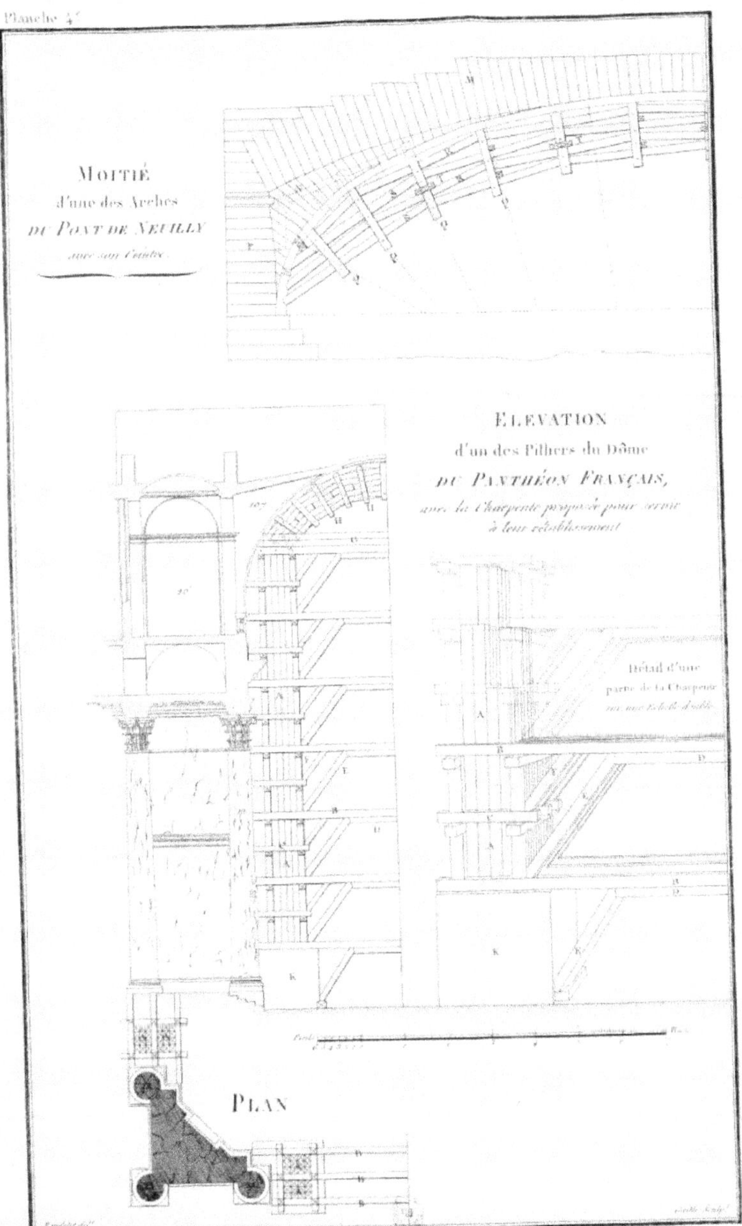

MOITIÉ
d'une des Arches
DU PONT DE NEUILLY
avec son Cintre.

ÉLÉVATION
d'un des Pilliers du Dôme
DU PANTHÉON FRANÇAIS,
avec la Charpente proposée pour servir
à leur rétablissement

Détail d'une
partie de la Charpente
sur une Échelle double.

PLAN

Rondelet del.

Sellier Sculp.

Planche 5.e
St Paul
de Londres.
St Pierre
de Rome
Le Panthéon
Français.
Les Invalides

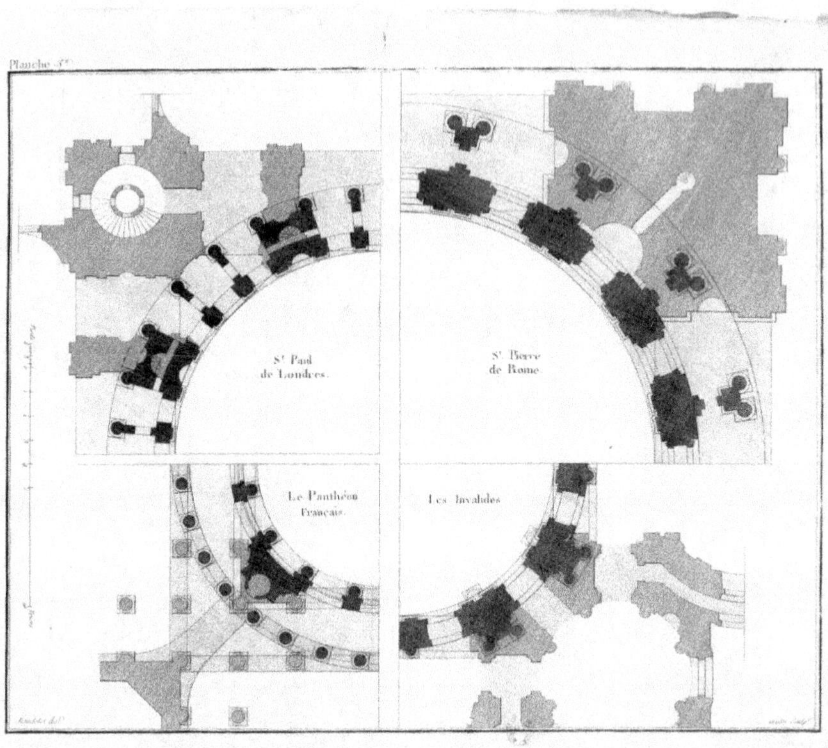

Planche 6.
ARMATURES
de Fers
qui sont dans le mur de l'enceinte
de l'Oriental des Pontifices Romains

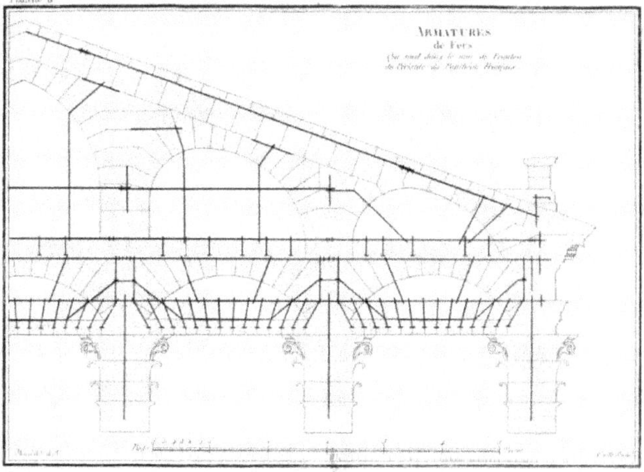

Planche 7.
Coupe sur la ligne A B 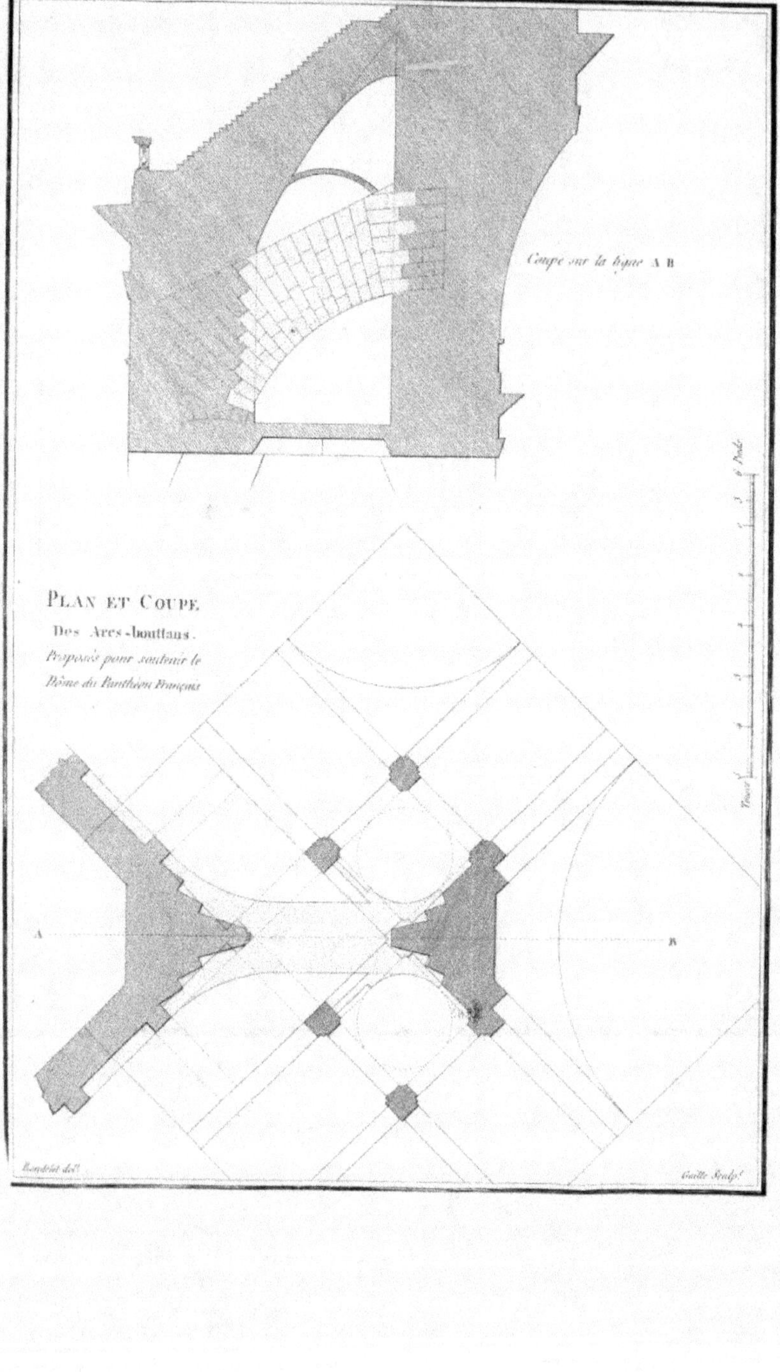
PLAN ET COUPE
Des Arcs-boutans.
Proposés pour soutenir le
Dôme du Panthéon Français
A
B
Rondelet del.
Gaille Sculp.

Planche 15
MACHINE
Pour écraser les Pierres
Posée à la cidevant troisième
d'Architecture, celle des Ponts
et Chaussée est semblable
Fig. 3
Levier
Pierre en
expérience
Autre Machine
Rectifiée par le Citoyen
Rondelet
Fig. 4
Pierre en
expérience
Levier
Appuis
du Levier
Fig. 1
Fig. 2
E D
A B L
B
C E H
G M P
Rondelet del.
Perot Sculp.

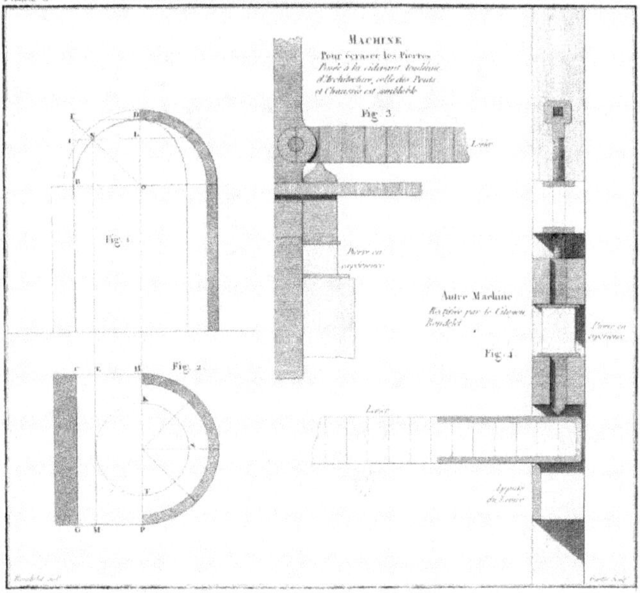

Planche 9.

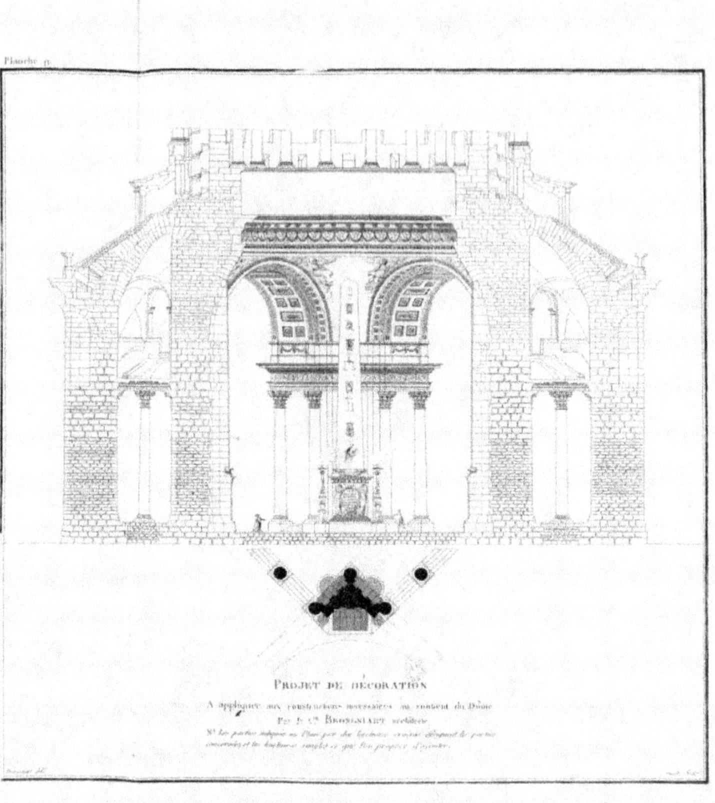

PROJET DE DÉCORATION
A appliquer aux constructions nécessaires au couvent du Dôme
Par D. C.te BRONGNIART architecte

PROJET DE DÉCORATION
Entre les Colonnes Engagées des Piliers du Dôme
Par le C.n BRONGNIART Architecte.

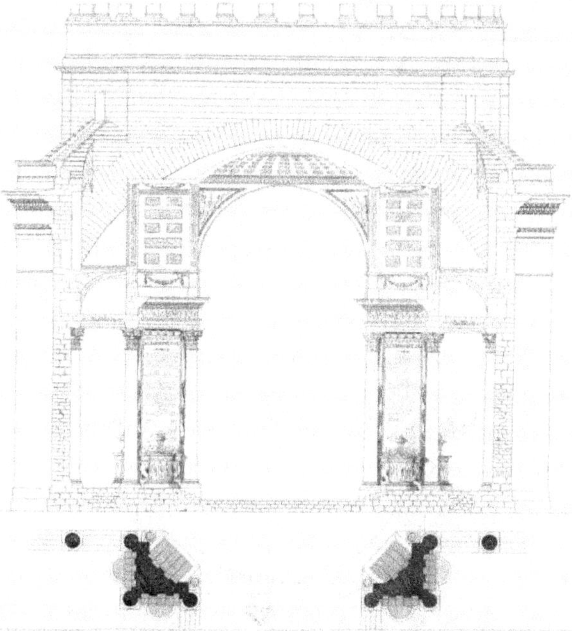

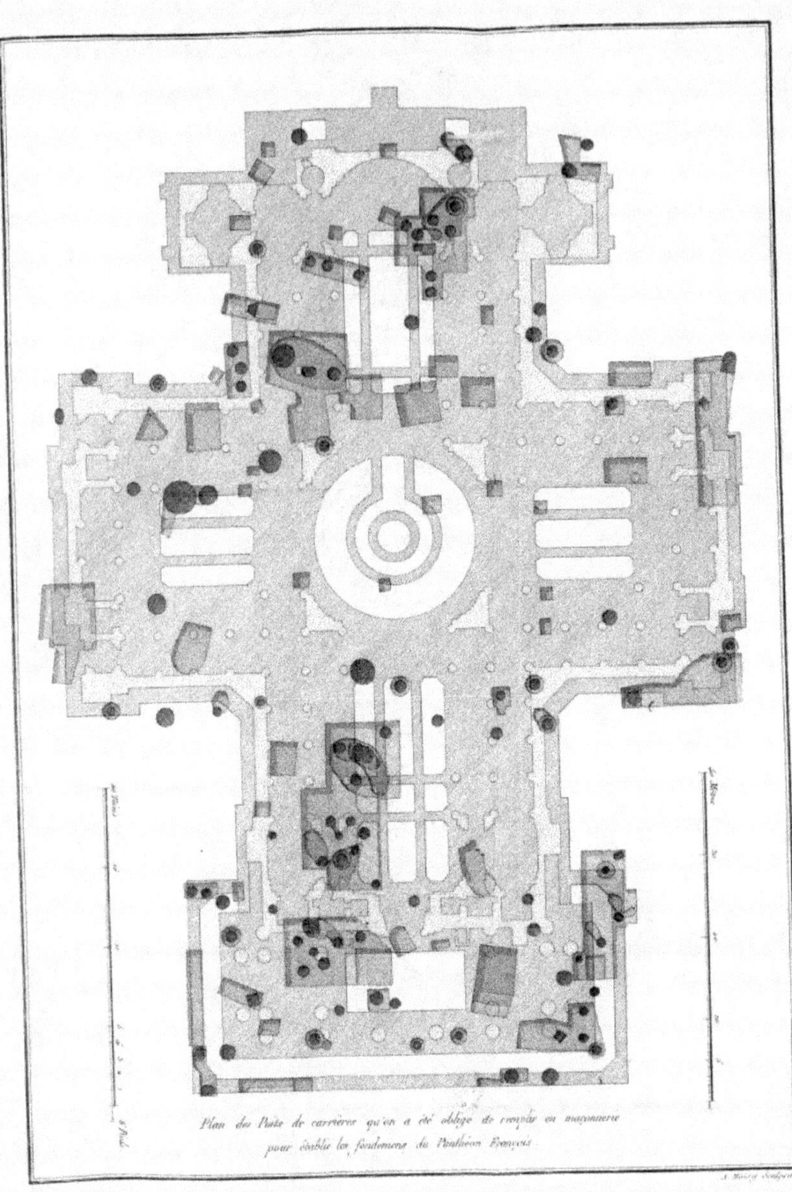

Plan des Puits de carrières qu'on a été obligé de remplir en maçonnerie
pour établir les fondemens du Panthéon François.

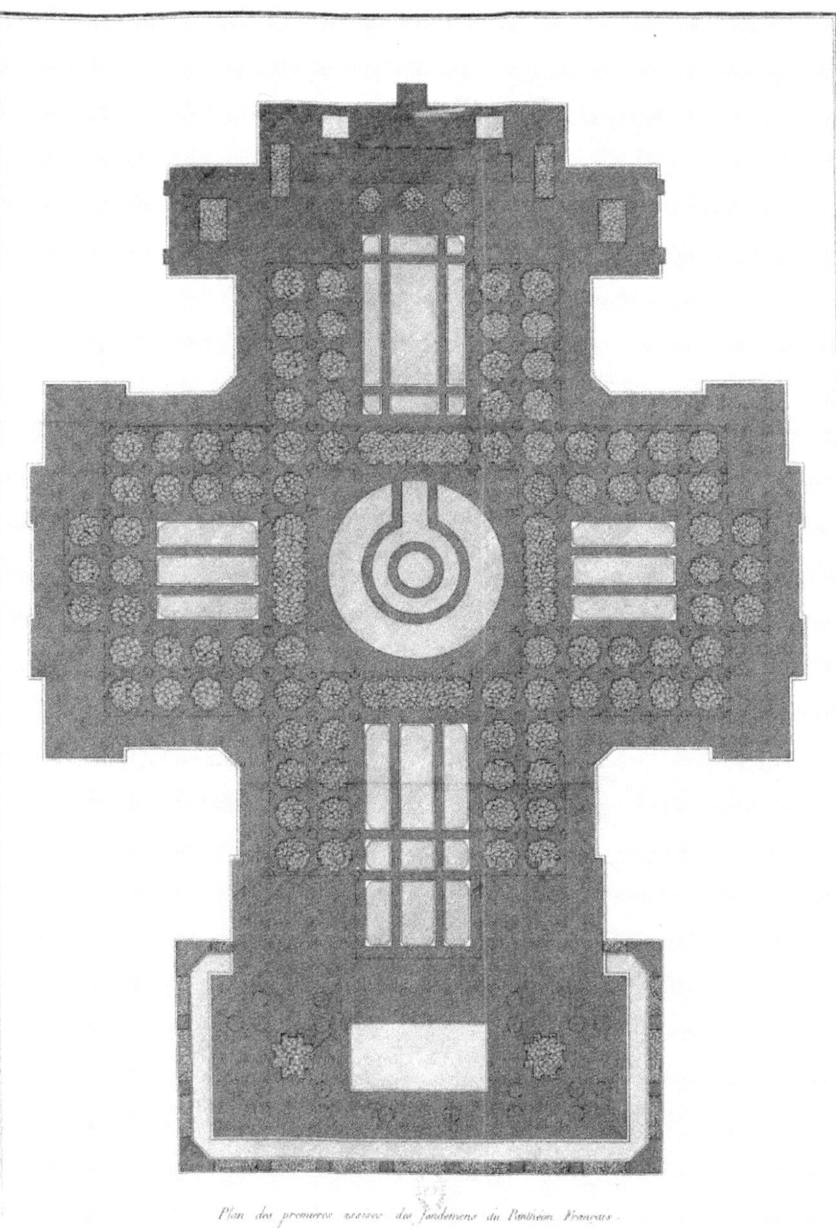

Plan des premieres assises des fondemens du Panthéon Français.

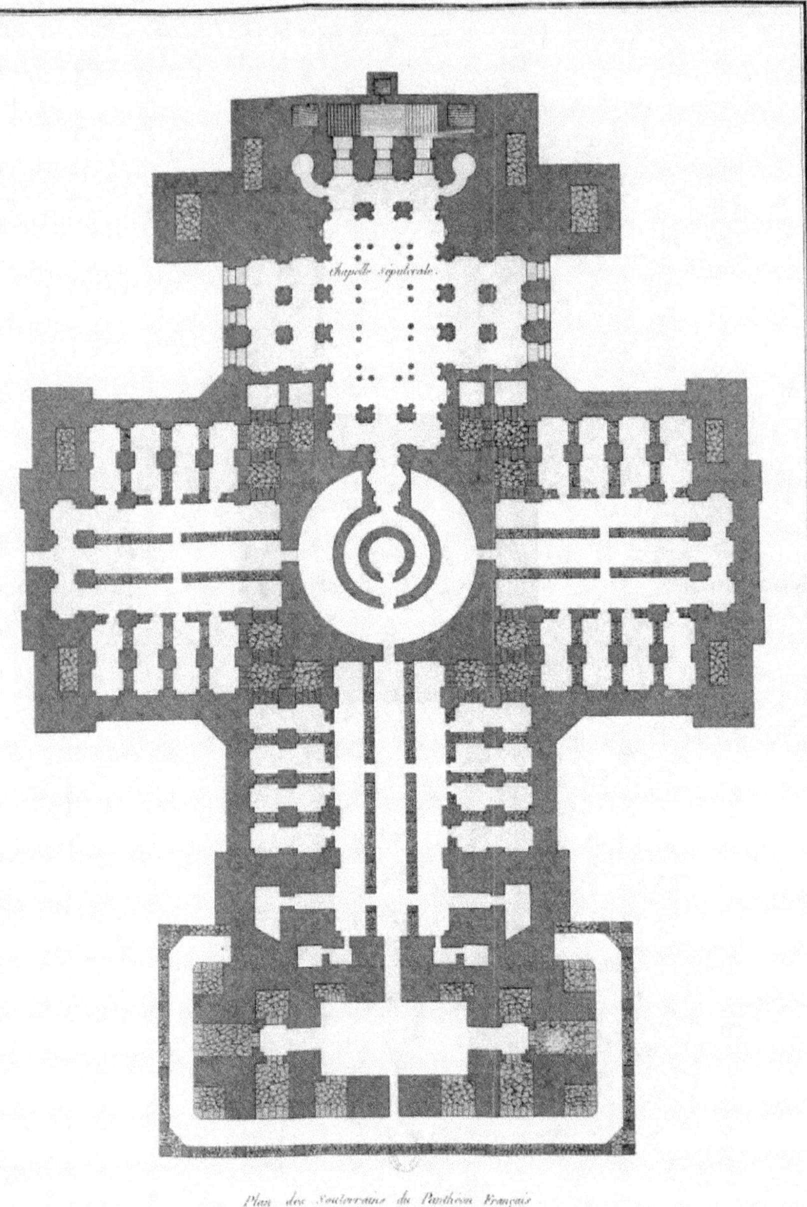

Plan des Souterrains du Panthéon Français.

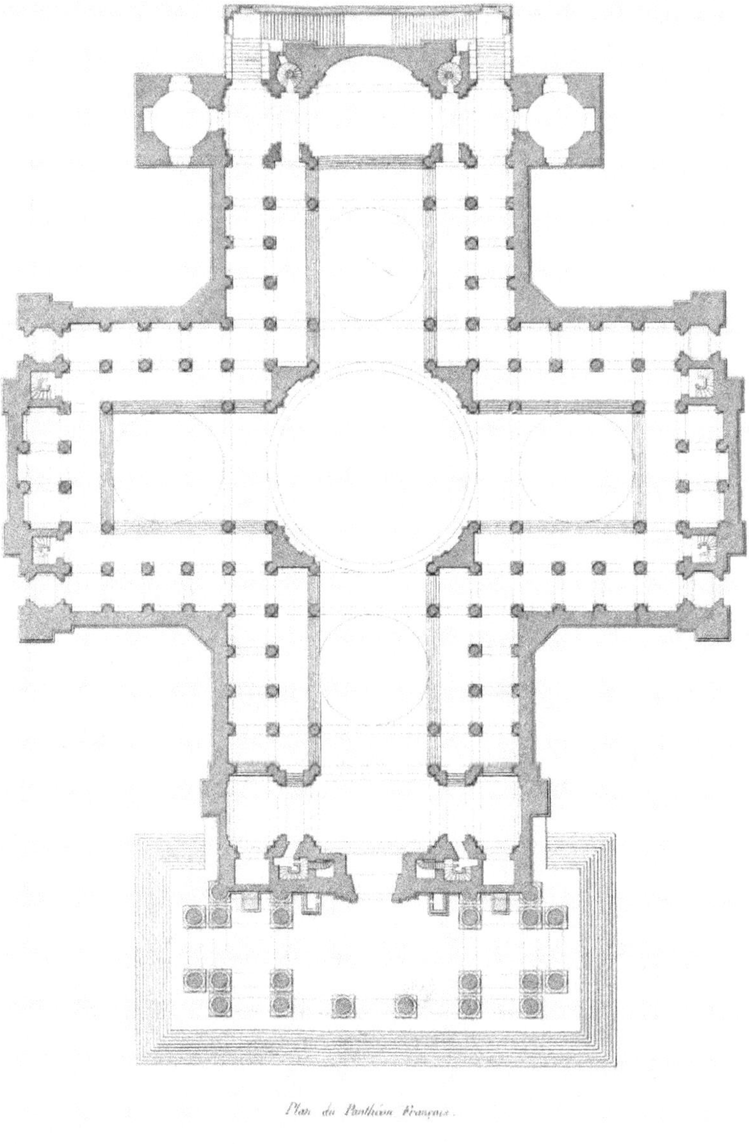

Plan du Panthéon français.

COUPE DU PANTHÉON FRANÇAIS

Prise sur la largeur.

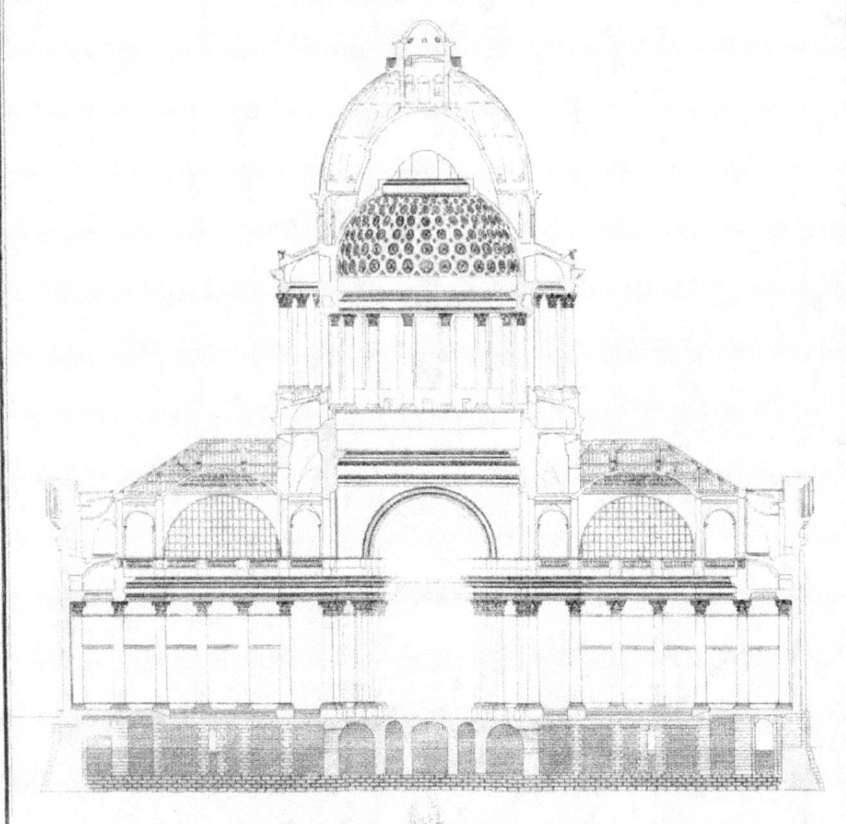

PANTHÉON FRANÇAIS

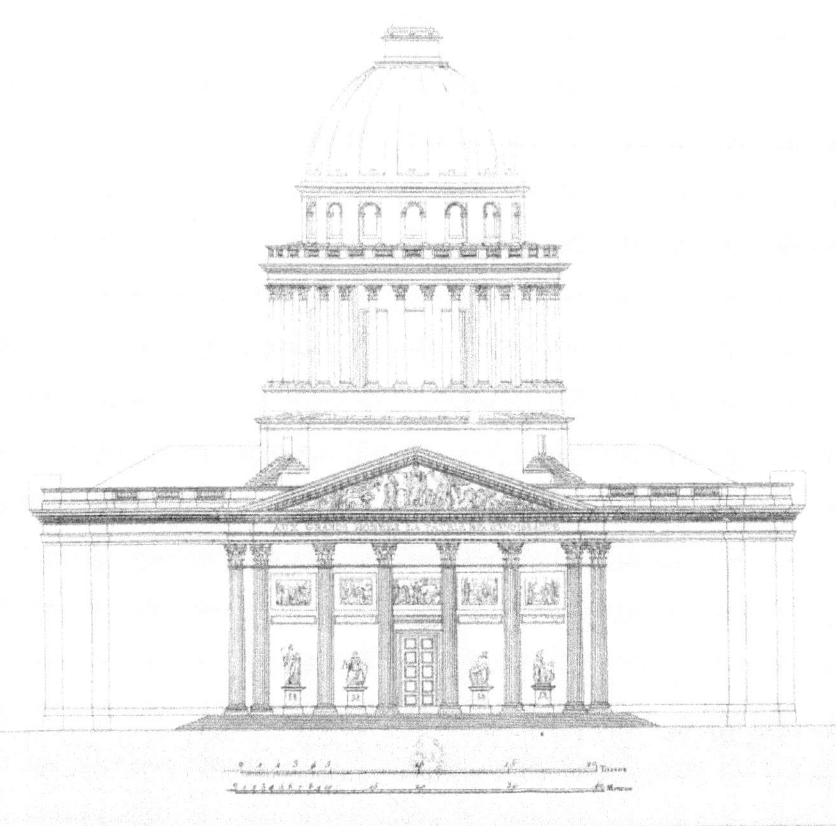

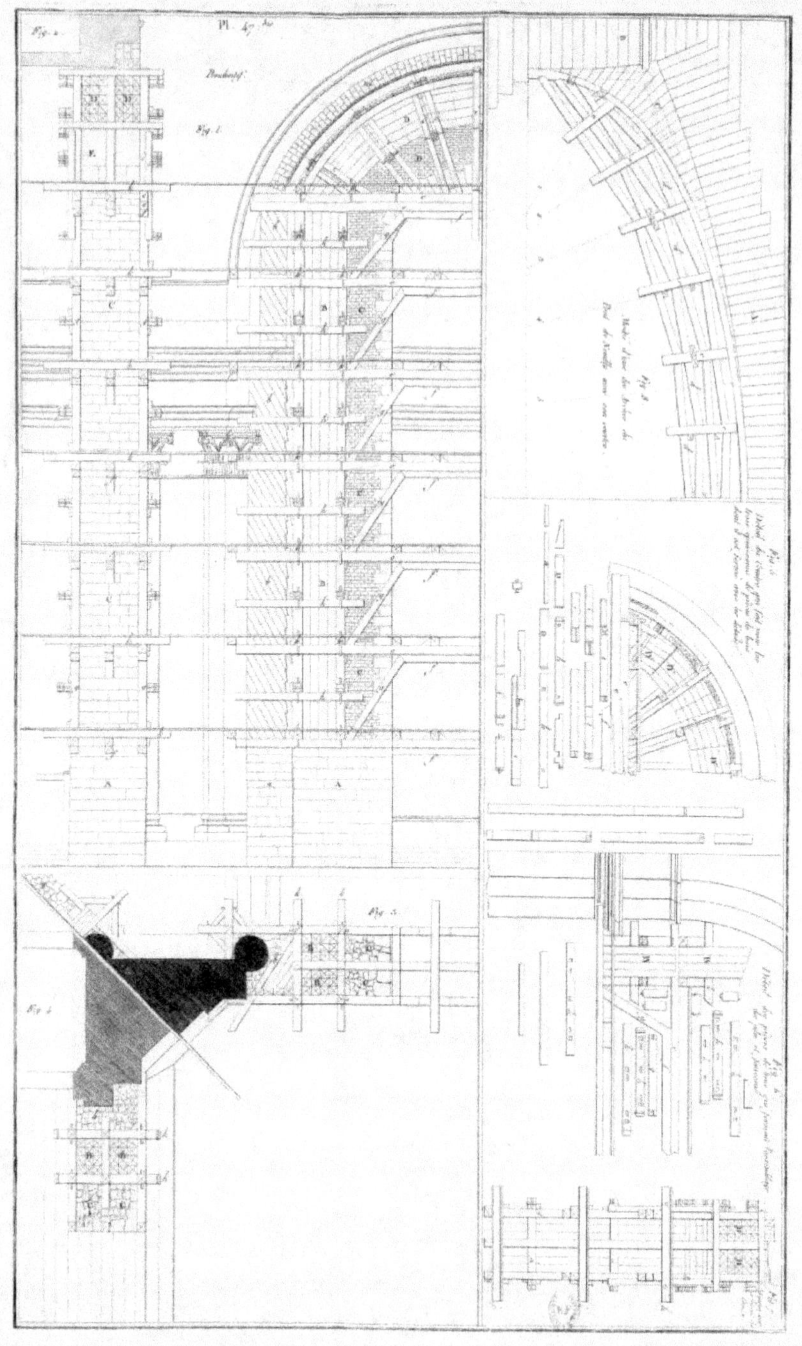

EXPLICATION des figures de la nouvelle planche ajoutée au Mémoire Historique du Panthéon Français, représentant les étayemens, comme ils ont été exécutés.

Dans les figures 1, 2, 3, 4 et 5, on a désigné les parties semblables par les mêmes lettres.

A, Massif en pierres de taille.

B Pile de charpente composée de pièces de bois jointives, formant faisceau.

C Autre pile, ou piédroit en maçonnerie et pierres de taille.

D Ceintre de trois épaisseurs de pièces de bois aussi jointives, formant des polygones inscrits, posés en liaisons les uns sur les autres, et entretenus avec des boulons et des moises i, i, i.

E Maçonnerie et arc en pierre pour empêcher que la charpente ne fléchisse pendant la restauration.

a Maçonnerie qui doit se démonter pour la restauration.

b Charpente en décharge qui doit aussi se démonter à mesure de la restauration.

c Grandes moises en forme d'entrait pour maintenir et réunir la charpente dans toute la largeur de l'arcade ; celle placée à la naissance du ceintre est double. Ces grandes moises forment des enrayures sur lesquelles sont des planchers pour le service.

f Renforts qui doublent les entraits dans le milieu de leur portée.

g Contre-fiches qui buttent contre le renfort pour soutenir le milieu des entraits.

h Moises intermédiaires pour relier les faisceaux qui forment les piles de charpente et les parties marquées *b*.

i Doubles moises en rayon pour entretenir les pièces jointives du ceintre, au droit de leur jonction.

k Moises qui retiennent les faisceaux des piles au-dessus des entraits.

m Arc en moilons sous la partie la plus élevée de l'arcade du côté de l'intérieur.

n Couchis qui relient le ceintre dans toute son épaisseur garnis de maçonnerie en-dessus.

Dans la figure 8, on a représenté la moitié d'une des arches du pont de Neuilly.

A Indique l'arc extérieur qui termine la voussure.

B La moitié d'une des piles.

C La voussure où l'on voit ponctuée la partie de charpente qui lui servait de ceintre.

d Indique les pièces de bois isolées formant les polygones inscrits les uns dans les autres, dont le ceintre se compose.

e Sont les moises en rayons, placés au droit des joints des précédentes pour les maintenir.

f Sont d'autres moises doubles qui réunissent les fermes les unes avec les autres.

Les lignes ponctuées 1, 2, 3, 4 et 5, indiquent les rayons des arcs dont se compose la courbe intérieure du ceintre ; les points où ces lignes se rencontrent, étant prolongées, seraient les ceintres de ces arcs

BIBLIOTHÈQUE NATIONALE

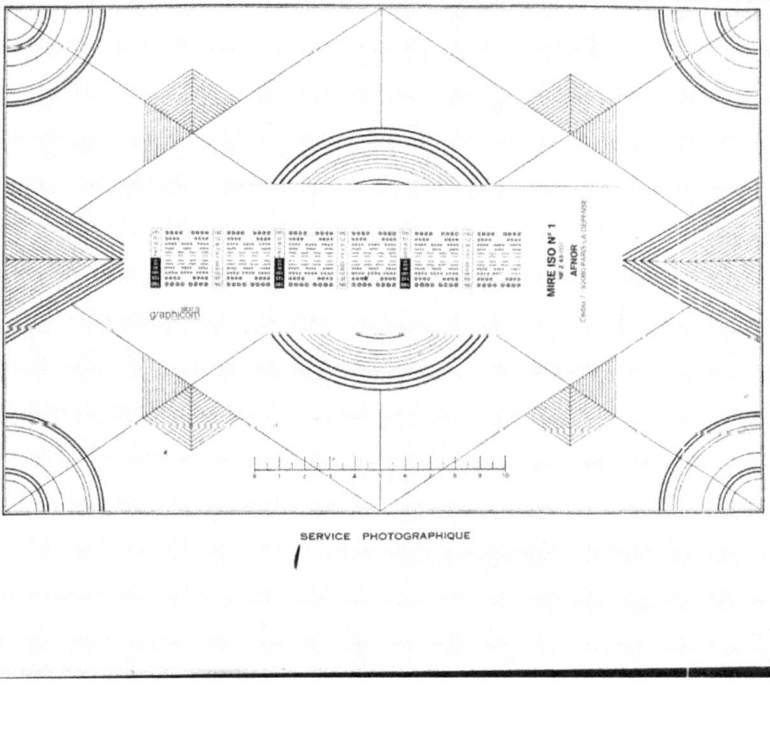

SERVICE PHOTOGRAPHIQUE